D1674022

Rosemarie Portmann

Brutal daneben

Ratgeber Gewaltprävention für Schule und Jugendarbeit

Rosemarie Portmann

Brutal daneben

Ratgeber Gewaltprävention für Schule und Jugendarbeit

Herausgegeben von der Stiftung Jugend und Bildung

UniversumVerlag **uv**

Rosemarie Portmann

Brutal daneben

Ratgeber Gewaltprävention für Schule und Jugendarbeit
Herausgegeben von der Stiftung Jugend und Bildung

Universum Verlag GmbH
65175 Wiesbaden

Internet: www.universum.de
E-Mail: uv@universum.de

Vertretungsberechtigte: Geschäftsführer Siegfried Pabst und Frank-Ivo Lube
Die Verlagsanschrift ist zugleich auch ladungsfähige Anschrift für die im Impressum genannten
Verantwortlichen und Vertretungsberechtigten.

Handelsregister: Amtsgericht Wiesbaden
Registernummer: 2208
USt.-IdNr.: DE 250786819

© Universum Verlag GmbH 2007
Redaktion: Michael Jäger (verantwortlich), Katrin Minarek, Stefanie Pietzsch
Herstellung: Manfred Morlok
Gesamtgestaltung: Cicero Gesellschaft für Werbung und Kommunikation mbH, Wiesbaden
Titelbild: PantherMedia/Lisa Vanovitch
Fotos: Ingram Publishing, (S. 8, 18, 64, 98, 128, 134), Sabrina Müller (S. 13, 122),
Wolfgang Schmidt (S. 28, 46, 110), Creatas (S. 34), Christoph & Friends / Das Fotoarchiv (S. 84),
Photodisc (S. 88), privat (S. 118)

Druck: Media-Print GmbH, Paderborn

Dieses Werk einschließlich all seiner Teile ist urheberrechtlich geschützt. Jede Verwendung außerhalb der engen Grenzen des Urheberrechtsgesetzes ist ohne Zustimmung des Verlages unzulässig
und strafbar. Das gilt insbesondere für Vervielfältigungen, Übersetzungen, Mikroverfilmungen
sowie die Einspeicherung und Verarbeitung in elektronischen Systemen.

Die Beiträge in diesem Buch sind sorgfältig recherchiert und entsprechen dem aktuellen Stand.
Weder Autorin noch Verlag können für eventuelle Nachteile oder Schäden, die aus den im Buch
gegebenen praktischen Hinweisen resultieren, eine Haftung übernehmen.

ISBN 978-3-89869-189-5

Ohne Scheuklappen ans Werk

Auch wer sich nicht an der Dramatisierung des Themas durch die Medien beteiligt, muss eingestehen: Gewalt und Extremismus unter Jugendlichen haben sich als Dauerproblem etabliert.

Viele Ideen, Projekte und nicht zuletzt viel Geld wurden und werden aufgewendet, um das Phänomen in den Griff zu bekommen. Allein, der sichtbare Erfolg blieb weitgehend aus. Wenig hilfreich ist es dabei, dass unter Fachleuten und Praktikern nach wie vor umstritten ist, welcher Weg der Prävention tatsächlich Erfolge bringt: behutsame Intervention oder zupackende Abschreckung.

„Brutal daneben" will sich nicht an dieser Diskussion beteiligen. Das vorliegende Buch ist vielmehr ein Ratgeber für die Praxis, der auf gesicherten Erkenntnissen aufbaut und bewährte Konzepte und Methoden vorstellt. Dabei arbeitet die Autorin ohne Scheuklappen und Denkverbote. Sie zeigt allen, die mit Jugendlichen arbeiten, eine Fülle sehr unterschiedlicher Hilfestellungen auf.

Es ist das besondere Verdienst von „Brutal daneben", nicht einen Ausschnitt sondern die ganze Bandbreite von Präventionsmaßnahmen gegen Gewalt und Extremismus in den Blick zu nehmen. Das Buch ist damit eine umfassende Handreichung für den pädagogischen Alltag. Und – gute Hilfestellungen für die Arbeit mit Jugendlichen kann es nie genug geben!

Dr. Eva-Maria Kabisch
Präsidentin der Stiftung Jugend und Bildung

Im Inhalt

Erster Teil:
Gewalt und Extremismus unter Jugendlichen

KAPITEL 1

Was will dieses Buch?

Eine Einführung

Schulen und Jugendeinrichtungen haben die große Chance, fast alle Jugendlichen zu erreichen und für Demokratie und Toleranz zu gewinnen. Wie können sie diese Chance nutzen, und welche Unterstützung brauchen sie dafür?

Genug Gewalt

Jugendgewalt ist kein neues Problem. Über Gewalt von und unter Jugendlichen wird bereits seit Jahrzehnten diskutiert. Nach dramatischen Ereignissen, wie zuletzt nach dem Amoklauf an einer Realschule in Emsdetten im November 2006, kommt es immer wieder zu einer kurzen Phase der Betroffenheit und Aufgeregtheit und dem Ruf nach Maßnahmen. Diese beschränken sich dann allerdings häufig auf Absichtserklärungen und Appelle. Dabei wird im Allgemeinen gefordert, dass die Erziehungskompetenz der Eltern gestärkt werden müsse und Eltern wieder mehr in die Verantwortung genommen werden müssten. Auch wird meist auf gesellschaftliche Versäumnisse hingewiesen und die Rückbesinnung auf Werte angemahnt. Die tatsächlich eingeleiteten, konkreten Maßnahmen sind eher restriktiv als auf pädagogische Prävention ausgerichtet und selten langfristig angelegt. Hat sich die erste Aufregung gelegt, gerät das Problem schnell wieder aus dem Blick – bis zum nächsten dramatischen Ereignis.

Achtung im Alltag

Obwohl viele Untersuchungen und Erkenntnisse vorliegen, warum Jugendliche gewalttätig werden, wird davon viel zu wenig Gebrauch gemacht. Vielleicht deshalb, weil die Ergebnisse nicht den eigenen Vorstellungen und dem Wunsch nach einfachen und schnellen Lösungen entsprechen. Die Folgen des Selektions- und Leistungsdrucks in der Schule oder die fehlenden Zukunftsperspektiven werden weitgehend ausgespart. Wenn sie zurzeit diskutiert werden, dann in erster Linie nicht wegen des Gewaltpotenzials, das mit diesen Problemen verbunden ist, sondern wegen des schlechten Leistungsstatus und der schlechten Schulleistungen im internationalen Vergleich.

Die Unsicherheit, was zur Prävention und zur Intervention effektiv zu tun sei, ist immer noch groß, sowohl in der Öffentlichkeit als auch in den Schulen und Jugendeinrichtungen selbst. Es wird nach neuen und endlich wirksamen Maßnahmen gerufen – obgleich es erprobte Maßnahmen durchaus schon gibt. Wichtig ist, dass das, was an gesicherten Erkenntnissen bereits vorliegt, nicht nur in Modellversuchen und Sonderprogrammen realisiert, sondern für den Alltag der Jugendlichen handhabbar gemacht wird.

Wer ist verantwortlich?

Die Verantwortung für Gewalt unter Jugendlichen wird hin- und hergeschoben. Eltern beklagen die Verrohung des Umgangs in der Schule und das Desinteresse der Lehrkräfte. Lehrerinnen und Lehrer beklagen die fehlende Erziehung in der Familie. Beide Seiten verweisen auf die Versäumnisse der Politik. Politikerinnen und Politiker fordern bewussteres Handeln von Bürgerinnen und Bürgern.

In diesem Buch geht es primär um die Verantwortung aller, die von Gewalt betroffen sind – die der Jugendlichen und die der Erwachsenen. Besonderes Gewicht wird dabei auf pädagogische Fragen gelegt. Wie können Jugendliche lernen,
> ihre eigene Verantwortung für ein gewaltfreies Miteinander zu erkennen,
> eine begründete Position zu Formen der Gewalt einzunehmen,
> Formen friedlicher Konfliktaustragung einzuüben,
> zur Deeskalation von Gewalt beizutragen und auf Gewaltanwendung angemessen zu reagieren?

Allerdings können und dürfen auch bei dieser Art, das Gewaltproblem anzugehen, Schulen und Jugendeinrichtungen nicht alleingelassen und die gesellschaftlich-politische Verantwortung ausgeblendet werden.

Nachhaltige Konzepte

Es ist die zentrale Aufgabe von Schule, junge Menschen zu einem selbst- und sozialverantwortlichen Handeln in der Gesellschaft zu befähigen. Das bedeutet, dass es in der Schule nicht nur darum geht, Kenntnisse, Fähigkeiten und Fertigkeiten zu vermitteln, sondern auch darum, bei jungen Menschen die Entwicklung von positiven Einstellungen und Werthaltungen zu fördern und zu festigen. Dabei stehen Toleranz und Solidarität, Gewaltlosigkeit und Rücksichtnahme, Zivilcourage und Verantwortungsbewusstsein an vorderster Stelle. Darüber hinaus haben Jugendliche – wie auch ihre Lehrerinnen und Lehrer und alle anderen Erwachsenen – ein Recht darauf, in Schule und Freizeit sicher vor gewalttätigen Übergriffen leben und lernen zu können.

Insbesondere schulische Maßnahmen für den Umgang mit Gewalt müssen daher in ein in diesem Sinne „ganzheitliches" Schulentwicklungskonzept eingebunden werden. Sie ergänzen und vertiefen die erzieherischen Zielsetzungen. Diese Zielsetzungen müssen von allen an Schule Beteiligten, Schulleitung, Lehrkräften,

Schülerinnen und Schülern, Eltern, gemeinsam entwickelt werden; alle müssen sich zu ihrer Einhaltung verpflichten. Das Ziel von Schulentwicklung ist die planmäßige Verbesserung und von Konzepten getragene sowie überprüfbare Weiterentwicklung von Schule.

In der pädagogischen Arbeit zur Verhinderung von Gewalt muss deutlich werden, dass die Jugendlichen Verantwortung für den eigenen Lernerfolg, für ihr Arbeits- und Sozialverhalten und das friedliche Zusammenleben in der Schule oder Jugendeinrichtung übernehmen müssen. Andererseits muss insbesondere die Schule mehr Verantwortung dafür übernehmen, dass Schülerinnen und Schüler Lernerfolg haben und ihr Übergang in die weitere Schul- oder Berufsausbildung gelingt. Die unterschiedlichen Lebenslagen und Erfahrungen der Jugendlichen müssen berücksichtigt werden. Bei der Gestaltung des Unterrichts oder des Freizeitangebots müssen die Bedürfnisse der Jugendlichen ins Blickfeld rücken, damit ihre Persönlichkeit nachhaltig gestärkt wird.

Jede Schule kann immer nur im Rahmen der bildungspolitischen Vorgaben tätig werden. Auch wenn nach den vorliegenden wissenschaftlichen Erkenntnissen nicht alle der Gewaltprävention dienlich sind, lassen sie doch einen Spielraum, der noch zu wenig genutzt wird. Wenn Schulen ihr Profil bilden oder ein Schul- programm erstellen, sollte die Chance stärker als bisher genutzt werden, nicht nur die fachlichen Ziele, sondern auch die erzieherischen Ziele möglichst genau zu definieren und verbindlich festzuschreiben.

In jedem Fall ist aber ein pädagogisch geplanter Einsatz entsprechend einem Schulleitbild anzustreben. Einmalige Einzelaktionen können beim Umgang mit Gewalt und Extremismus kontraproduktiv wirken. Sie vermitteln Jugendlichen eher den Eindruck, die Inhalte seien nicht wichtig. Statt leichter, wird es dadurch schwieriger werden, die intendierten Ziele zukünftig zu erreichen. Präventive Maßnahmen brauchen Kontinuität und Zeit. Die Zeit, die im Unterricht darauf verwendet wird, soziales und demokratisches Lernen einzuführen und einzuüben, ist nicht verloren. In diesem Sinne kann und muss präventive Arbeit von jeder Lehrerin und jedem Lehrer in jedem Fachunterricht geleistet werden.

Zum Einsatz des Buches

Dieses Buch will Pädagoginnen und Pädagogen Mut machen, Gewalt unter Jugendlichen wahrzunehmen und sich darum zu kümmern. Es will ihnen die Unsicherheit nehmen, ob und wie sie selbst etwas tun können. Sachinformationen über Gewalt sind wichtig. Sie lösen aber kein Gewaltproblem. Zu diesem Zweck müssen Haltungen und Einstellungen verändert werden. Fachwissen und Kompetenzen sollten deshalb nicht rein theoretisch vermittelt, sondern mit sozialen und praktischen Erfahrungen der Jugendlichen verknüpft werden. Im Praxisteil werden deshalb verhaltenswirksame Maßnahmen, Handlungsanregungen, Materialien und Methoden zusammengestellt. Manche Anregungen mögen als eine selbstverständliche Kleinigkeit erscheinen. Doch was manch einem sehr einfach vorkommt, muss deshalb noch lange nicht von allen Jugendlichen in gleicher Weise verstanden und gekonnt werden. Klares Strukturieren, kleine Schritte, wiederholtes Üben, Feedback und Kontrolle können Einsicht und Verhaltenssicherheit vermitteln.

Im Sinne eines prozessorientierten Arbeitens können aus den Vorschlägen einzelne Elemente herausgenommen und anders miteinander kombiniert werden, als sie hier vor- und zusammengestellt sind. Alle Handlungsanregungen sind Beispiele und können weiterentwickelt werden. Dies ist auch deshalb notwendig, weil die Voraussetzungen, Bedingungen und Erfordernisse an jeder Schule und in jeder Jugendeinrichtung unterschiedlich sind.

KAPITEL 2

Vom Schläger bis zum Gotteskrieger

Formen von Gewalt

Wenn von Gewalt die Rede ist, wird stillschweigend vorausgesetzt, dass alle wissen, was gemeint ist. Das ist aber durchaus nicht selbstverständlich. Denn Gewalt ist kein eindeutig definierter Begriff.

Wissen über Worte

Jugendliche verstehen unter Gewalt meist körperliche Übergriffe. Nur von einer Minderheit werden bei Befragungen spontan auch subtilere, psychische Formen als Gewalt definiert. Nicht alle Jugendlichen betrachten es als Gewalthandlung, wenn Gleichaltrige beschimpft oder verspottet werden. Oftmals stufen die Befragten auch Lehrkräfte und Gruppenleiter nicht als gewalttätig ein, wenn sie von ihnen herabgesetzt und verbal angegriffen werden. All diese Fälle gelten bei vielen Jugendlichen als normale Umgangsform, allenfalls als Vorstufe einer Gewalthandlung. Auch Gewalt in der Familie, insbesondere psychische Gewalt, wird nicht unbedingt als Gewalt definiert.

Gewalt übt aus, wer andere Menschen physisch oder psychisch zu etwas zwingt. **Aggression** wird häufig synonym mit Gewalt verwendet, hat in der ursprünglichen Wortbedeutung aber nichts mit Gewalt zu tun. Aggression wird hergeleitet vom lateinischen Wort „aggredi", das heißt an eine Sache herangehen, etwas in Angriff nehmen. Mit Aggression wird also zunächst einmal ein gesteigerter Ausdruck von Lebensenergie bezeichnet. Die konstruktive Aggressivität, die Durchsetzungsfähigkeit, wird durchaus geschätzt. Die defensive Aggression, die zum Beispiel in Notwehrhandlungen zum Ausdruck kommt, wird als gerechtfertigt gebilligt. Die expressive Aggression, wie sie sich zum Beispiel bei sportlichen Wettkämpfen zeigt, wird durchaus gefordert. Nur die destruktive Aggression, das heißt alle Handlungen, die mit der Absicht ausgeführt werden, andere Menschen oder Lebewesen zu verletzen oder Sachen zu zerstören, ist Gewalt und kann nicht geduldet werden.

Von **personaler (direkter) Gewalt** ist die Rede, wenn ein Mensch oder eine Gruppe von Menschen direkt aktiv wird, um andere Individuen physisch oder psychisch zu schädigen.

Von **physischer oder körperlicher Gewalt** wird gesprochen, wenn Einzelne oder Gruppen anderen Menschen mit körperlicher Kraft etwas zuleide tun. Zur körperlichen Gewalt zählen Handlungen wie Schlagen, Treten, Misshandeln, Vergewaltigen, Töten, aber auch Stehlen, Besitzschädigung und Zerstörung. Den Opfern wird direkter körperlicher und / oder materieller Schaden zugefügt. Eine Form physischer Gewalt ist der **Vandalismus,** die Beschädigung von fremdem Eigentum.

Mit den neuen technischen Möglichkeiten der Medien haben sich neue Formen von Gewalt entwickelt. Eigene Gewalthandlungen werden mit dem Handy gefilmt und weitergegeben. Seinen Ursprung hat das **Happy Slapping** (das heißt: fröhliches Schlagen) in Großbritannien. Mit zunehmender Ausbreitung der Handy-Technik hat die Brutalität der gefilmten Gewalthandlungen zugenommen.

Auch fremde Gewaltvideos werden aufs Handy geladen und weitergegeben. Über neue Übertragungswege wie Bluetooth machen sogenannte **Snuff-Videos** (snuff out heißt: jemanden auslöschen) unter Jugendlichen die Runde, die nachgestellte oder echte Vergewaltigungen, Morde, Leichenschändungen und Hinrichtungen zeigen. Derartige Filme sind im Internet leicht zu haben und können zunächst auf den eigenen PC und dann aufs Handy geladen werden.

Psychische oder **seelische Gewalt** ist die Verletzung anderer durch Worte oder Gesten. Die Verletzung durch Worte wird auch **verbale Gewalt** genannt. Die Opfer erleiden Schaden an Seele und/ oder Geist. Offensichtliche Formen psychischer Gewalt sind Verhaltensweisen wie Anbrüllen, Beleidigen, Lächerlichmachen, Bedrohen, Belügen oder soziales Ausgrenzen.

Es gibt auch Formen psychischer Gewalt, die nicht so offensichtlich sind, zum Beispiel das **Mobbing**. Der Begriff leitet sich her von dem englischen Wort „mob", die aufgeputschte Menschenmenge, der Pöbel, und bezeichnet ursprünglich ein lang anhaltendes Ausschließen Einzelner von der Mehrheit. Im deutschen Sprachgebrauch wird der Begriff heute verwendet, wenn ein einzelner Mensch oder eine Gruppe einen anderen über längere Zeit drangsaliert.

In angelsächsischen Ländern wird statt Mobbing der Begriff **Bullying** verwendet, der in letzter Zeit auch bei uns häufiger zu hören ist. Inhaltlich gibt es zwischen beiden Begriffen keine klare Abgrenzung. Bullying wird neuerdings eher in Bezug auf schädigendes Verhalten zwischen Jugendlichen verwendet, bei dem – anders als beim Mobbing – auch körperliche Gewalt im Spiel sein kann. Von **Cyberbullying** wird gesprochen, wenn mithilfe neuer Kommunikationstechniken, wie SMS, E-Mails oder in Charäumen, Jugendliche verleumdet, bedroht und belästigt werden.

Wenn Menschen durch eine bestehende Struktur in der Gesellschaft oder durch gewalthafte Lebensbedingungen beeinflusst werden, spricht man von struktureller Gewalt. Ein Beispiel für **strukturelle Gewalt** ist die systematische Benachteiligung bestimmter Bevölkerungsgruppen.

Der **(politische) Extremismus** umfasst alle Gesinnungen und Bestrebungen, die den demokratischen Verfassungsstaat und seine fundamentalen Werte ablehnen. Die Formen des Extremismus sind dabei höchst vielfältig. Sie können sowohl nach den politischen Zielsetzungen als auch nach der Art der eingesetzten Mittel unterschieden werden.

Alle Formen des Extremismus negieren die Pluralität der Interessen, das damit verbundene Mehrparteiensystem und das Recht auf Opposition. Sie sind gekennzeichnet durch Freund-Feind-Stereotype und durch ein hohes Maß an ideologischem Dogmatismus: Wer an ein objektiv erkennbares und vorgegebenes Gemeinwohl glaubt und für sein Denken und Handeln vermeintlich objektive Gesetzmäßigkeiten beansprucht, kann die Legitimität unterschiedlicher Meinungen und Interessen nicht dulden.

Was die politische Zielsetzung angeht, wird zwischen Links- und Rechtsextremismus differenziert. Der **Linksextremismus** sieht alle Übel in den Strukturen der seiner Ansicht nach kapitalistischen Klassengesellschaft. Je nach politischer Ausrichtung wollen Linksextremisten ein kommunistisches System oder eine herrschaftsfreie, anarchistische Gesellschaft etablieren. Der Staat und gesetzliche Regeln sollen abgeschafft werden. Die sogenannten Autonomen verfolgen dieses letztere Ziel und befürworten Gewalt als politisches Mittel. Die bislang gefährlichste linksextremistische Terrororganisation war die Rote Armee Fraktion (RAF), die sich im Jahr 1998 aufgelöst hat.

Der **Rechtsextremismus** lehnt das Prinzip der menschlichen Gleichheit ab. Seine Anhänger pflegen einen übersteigerten Nationalismus, der mit Fremdenfeindlichkeit und Rassismus verbunden ist. **Fremdenfeindliche** und **rassistische Gewalt** ist die physische, psychische und verbale Schädigung und Verletzung anderer Menschen aufgrund ihrer ethnischen Zugehörigkeit, ihres Aussehens oder ihrer Religion. Auch **antisemitische Gewalt**, bei der Juden wegen ihrer Abstammung und Religion verfolgt werden, ist ein Merkmal des Extremismus. Er stellt jedoch kein einheitliches Phänomen dar. Es gibt eine jugendliche Subkultur mit gewaltbereiten Skinheads, neonazistische Gruppierungen, die einen totalitären Staat propagieren, Parteien, die über Wahlen politischen Einfluss erreichen wollen, und rechtsextremistische Autoren und Verlage, die Propaganda betreiben.

Verfassungsschützer beobachten, dass rechtsgerichtete Organisationen und Parteien in Deutschland zunehmend Jugendliche als Zielgruppe ins Visier genommen haben. Mit gemeinsamen Symbolen, Musik, Konzerten und Internetangeboten bieten sie Jugendlichen eine ausgefallene Erlebniswelt.

Der **Islamismus** wird von einer Minderheit der Muslime getragen und fordert die Herstellung einer islamischen Ordnung als einzig legitime Staats- und Gesellschaftsform, die alle anderen Ordnungssysteme ersetzen soll. Dazu beziehen sich Islamisten auf die im Koran enthaltene Aufforderung zum sogenannten Dschihad, den sie, abweichend von anderen Muslimen, als heilige Pflicht zum unablässigen Krieg gegen alle vermeintlichen Feinde des Islam interpretieren. Die verschiedenen islamistischen Organisationen unterscheiden sich deutlich in ihrem Verhältnis zur Gewalt. Organisationen wie Al-Qaida bekennen sich offen zur Ermordung westlicher Bürger, andere Gruppen möchten ihren Einfluss vorrangig auf geistig-kultureller Ebene ausdehnen.

Nach: Bundesamt für Verfassungsschutz (Herausgeber):
Verfassungsschutz gegen Rechtsextremismus. Köln 2006.
Im Internet: www.verfassungsschutz.de

KAPITEL 3

Wie gewalttätig sind Jugendliche?

Differenziert betrachtet

Im Januar 2006 haben fünf rechtsextreme Jugendliche einen Zwölfjährigen äthiopischer Abstammung verprügelt und mit glühenden Zigaretten verletzt. Ihre Tat filmten sie mit einem Handy.

Trends und Thesen

Genaue Daten und Statistiken über Gewalt unter Jugendlichen gibt es nicht und kann es auch nicht geben. Es gibt jedoch Tendenzen, die aus Forschungsvorhaben, Untersuchungen und Statistiken wie der polizeilichen Kriminalstatistik PKS und der Strafverfolgungsstatistik SVS entnommen werden können. Alle diese Daten müssen allerdings behutsam genutzt werden. Denn sowohl wissenschaftliche Untersuchungen als auch Befragungen sind aufgrund unterschiedlicher Zielsetzungen, Methoden und Zeiträume nur begrenzt vergleichbar und aussagekräftig. Jugendliche werden sich über die eigene Gewaltbelastung, egal ob als Täter oder Opfer, nicht immer offen äußern. Die offiziellen Statistiken sind nur begrenzt verwendungsfähig. So ist die PKS keine Täterstatistik, sondern eine Tatverdächtigenstatistik. Wie viele Jugendliche der Tat letztlich überführt worden sind, lässt sich daraus nicht ablesen. Insbesondere kann die Zahl der unter 14-jährigen Täter mit Polizeidaten kaum festgestellt werden, da sie noch nicht strafmündig sind. Außerdem gibt es eine hohe Dunkelziffer, denn längst nicht alle Gewalthandlungen Jugendlicher werden angezeigt.

In der Shell Jugendstudie aus dem Jahr 2006 wurden Jugendliche zwischen 12 und 25 Jahren gefragt, ob sie in den letzten zwölf Monaten in gewaltsame Auseinandersetzungen verwickelt waren. Zehn Prozent der Befragten gaben an, dass sie in eine Schlägerei mit anderen Jugendlichen involviert waren, sechs Prozent berichteten von Schlägereien in der Schule, und ein Prozent gab Schlägereien mit Rechtsradikalen zu Protokoll. Doch 78 Prozent der Befragten waren nicht von einer Schlägerei betroffen. Alle vorliegenden Daten ergeben das gleiche Bild: Die meisten Jugendlichen sind nicht gewalttätig. Viele Kinder und Jugendliche begehen je „nur" einen Gewaltdelikt, ohne dass daraus eine kriminelle Karriere erwächst. Lediglich fünf bis zehn Prozent der Täter eines Jahrgangs durchlaufen problematische Entwicklungen zu Intensivtätern und sind für über 50 Prozent der schweren Taten des gesamten Jahrgangs verantwortlich.

Gewalt in der Schule

Alle Befragungen von Schülerinnen und Schülern und ihren Lehrkräften kommen zu dem Ergebnis, dass schwere Straftaten wie Tötungen, versuchte Tötungen, schwere Körperverletzungen, die Verwendung von Waffen, Erpressungen und Bandenaktivitäten selten vorkommen. Häufiger genannt werden dagegen vielfältige Formen psychischer Gewalt wie Bedrohungen, Beleidigungen, Mobbing, einfache Körperverletzungen wie Raufen und Schlagen, Geringschätzung von fremdem Eigentum und mangelndes Einhalten von Grenzen. Bei diesen Gewalt-formen ist etwa jeder zehnte Jugendliche schon einmal sowohl Opfer als auch Täter gewesen. Wer Gewalt als Täter ausübt, wird auch eher Opfer von Gewalt. Gewalt wird häufig in der Gruppe ausgeübt. Von Opfern wird die mangelnde Hilfsbereitschaft untereinander beklagt. Täter und Opfer sind nicht notwendig in der gleichen Klasse, nicht selten findet Gewalt jahrgangsübergreifend statt. Außerdem sind Hauptschulen stärker von Gewalt betroffen als Gymnasien.

Die Formen der Gewalt verändern sich, wie das Fotografieren und Weitergeben von Bildern eigener und fremder Gewalttaten per Handy zeigen. Neue technische Möglichkeiten verursachen nicht unbedingt aggressiveres Verhalten, aber sie kön-nen es fördern und attraktiver machen. Internet und Handy können Informationen, die auf Interesse stoßen, schnell verbreiten. Jugendliche, die selbst nicht gewalt-tätig sind, können durch den bloßen Empfang von Bildern und Informationen Aufmerksamkeit und Anerkennung finden. Die offiziellen Zahlen dieser neuen Gewalt sind noch gering. Fachleute gehen aber davon aus, dass diese Bilder bereits auf Kinder ab zwölf Jahren eine besondere Faszination ausüben und dass es als Mutprobe gilt, sie anzuschauen.

In der Praxis kommen die verschiedenen Gewaltformen nur selten klar getrennt vor. Sie vermischen sich, und es gibt einen Zusammenhang zwischen ihnen. Wer körperliche Gewalt ausübt, fügt seinem Opfer im Allgemeinen auch psychische Verletzungen zu. Strukturelle Gewalt begünstigt das Entstehen von personaler Gewalt. Beispiele hierfür sind die spektakulären Gewalttaten, bei denen Schüle-rinnen und Schüler, die in der Schule keinen Erfolg hatten und vom Unterricht oder von der Schule ausgeschlossen wurden, Lehrkräfte oder Schulleiter, die sie dafür verantwortlich machten, verletzten oder töteten.

Jungen und Mädchen im Vergleich

Wesentlich mehr männliche als weibliche Jugendliche verhalten sich gewalttätig. Jungen sind sowohl häufiger als Täter als auch als Opfer in Gewalthandlungen verwickelt. In der Familie und bei sexueller Gewalt sind Mädchen allerdings vermutlich häufiger Opfer als Jungen.

Je schwerer die Gewalttat, desto geringer ist der Mädchenanteil, auch wenn immer wieder behauptet wird, die Mädchen zögen nun nach. Körperliche Gewalt wird immer noch als selbstverständlicher Teil von Männlichkeit vermittelt. Der männliche Anspruch auf Dominanz, Leistung, Besitz und Erfolg wird immer noch als legitim angesehen. Gewalttätige Mädchen erwecken dagegen besondere Aufmerksamkeit – und Verunsicherung. Denn sie stellen die traditionelle Geschlechterrolle in Frage. Die Orientierung an anderen Menschen, Fürsorge und Zurückstellung eigener Interessen sind immer noch Leitlinien einer mädchenspezifischen Sozialisation. Deshalb ist es nicht verwunderlich, dass Mädchen ihre destruktiven Aggressionen überwiegend gegen sich selbst richten, etwa in Form von Depressionen, Essstörungen, Autoaggressivität. Zu den typischen weiblichen Formen gewalthafter Auseinandersetzungen zählt dagegen die psychische und verbale Gewalt, die auf der Beziehungsebene verletzt. Üben Mädchen physische Gewalt aus, so richtet sich diese überwiegend gegen andere Mädchen. Allerdings ist bisher nicht untersucht, ob und welche Zusammenhänge es zwischen Mädchen- und Jungengewalt gibt. Unter Umständen könnten Mädchen an den Gewalthandlungen der Jungen indirekt beteiligt sein, weil sie ihnen Bestätigung, Aufwertung oder Anerkennung verleihen. Jugendgewalt wird häufig noch ohne Berücksichtigung der Geschlechtsspezifik untersucht.

Junge Migranten und Gewalt

Jugendliche mit Migrationshintergrund stehen im Verdacht, gewaltbereiter als deutsche Jugendliche zu sein. Diese Annahme stützt sich auch auf höhere Tatverdächtigenzahlen in der Polizeikriminalstatistik PKS. Eine differenzierte Untersuchung des Gewaltexperten Christian Pfeiffer aus dem Jahr 1999 bestätigt die höhere Gewaltaktivität insbesondere junger Männer ausländischer Herkunft und hat auch die dafür verantwortlichen Ursachen analysiert:

> Das Anzeigeverhalten bei Gewaltdelikten ist ethnisch-selektiv. Gewalttaten werden eher angezeigt, wenn Täter und Opfer unterschiedlichen ethnischen Gruppen angehören. Ein Großteil der Gewalthandlungen findet gerade zwischen männlichen Jugendlichen unterschiedlicher ethnischer Herkunft statt.

> Schwerwiegende körperliche Gewalthandlungen werden eher von Jugendlichen begangen, die eine vergleichsweise geringe Schulbildung haben und die von relativer Armut und sozialer Ausgrenzung gekennzeichnet sind. Zu dieser Gruppe gehören junge Migranten in besonderem Maße.

> Eine besonders gefährdete Gruppe stellen auch die jungen Zuwanderer aus Russland dar, die sich ihre Erwartungen an das Leben in Deutschland teils mit aller Gewalt zu erfüllen suchen.

> Die meisten Gewalthandlungen begehen junge Migranten, mit deren ethnischer Zugehörigkeit gewaltbefürwortende Männlichkeitsvorstellungen verbunden sind und die in ihrer Familie selbst Gewalt erfahren. Den höchsten Anteil an Gewaltdelikten haben männliche Jugendliche türkischer Herkunft.

Nach: Pfeiffer, Christian/ Wetzels, Peter/ Enzmann, Dirk: Innerfamiliäre Gewalt gegen Kinder und Jugendliche und ihre Auswirkungen. Hannover 1999. Im Internet unter www.kfn.de/kfnveroeffentlichungen.html

Rassistische Gewalt

Fremdenfeindlichkeit und Rassismus sind eine Gefahr für die Demokratie und die politische Kultur Deutschlands. Vor allem bei vielen jungen Menschen macht sich eine bedenkliche Zunahme von fremdenfeindlichem und rassistischem Denken bemerkbar. Nach Angaben der Shell Jugendstudie aus dem Jahr 2006 sind 58 Prozent der befragten Jugendlichen dafür, weniger Zuwanderer als bisher in Deutschland aufzunehmen. Auch wenn sich dahinter noch kein rechtsextremistisches, rassistisches Gedankengut verbergen muss, spiegelt es doch eine latent fremdenfeindliche Grundstimmung wider. Einige Merkmale des Rechtsextremismus wie Gewaltbereitschaft und Ablehnung des politischen und gesellschaftlichen Systems decken sich mit Dispositionen einer großen Anzahl von Jugendlichen. Rassismus wird nicht mehr so offen gezeigt, aber dort, wo niemand hinschaut, umso mehr.

„Extreme Auffassungen, Provokationen und besonders Gewalt von Jugendlichen sind dagegen in aller Regel nicht primär und vorrangig politisch begründet und an bestimmte politische Positionen gebunden. Weit mehr sind sie als ein verbreitetes Mittel junger Menschen zu sehen, auch dort wahrgenommen und ernstgenommen zu werden, wo sie es eigentlich nicht (oder nicht mehr) erwarten. Und das hat vor allem etwas mit ihren Lebensverhältnissen, ihren Lebensaussichten, mit ihren Entfaltungschancen, Selbstfindungs- und Selbstverwirklichungsmöglichkeiten in dieser Gesellschaft zu tun."

Insgesamt ist eine ablehnende Haltung bis hin zu Fremdenfeindlichkeit sehr häufig festzustellen – und zwar in Ost und West. Allerdings ist das Risiko, Opfer einer rassistischen Gewalttat zu werden, in östlichen Bundesländern deutlich höher als im Westen. Pilz spricht von einer latent fremdenfeindlichen Grundstimmung in unserer Gesellschaft.

Nach: Pilz, Gunter A.: Gewaltakzeptanz und Rechtsextremismus unter Jugendlichen – Ursachen und Erscheinungsformen. Vortragsmanuskript 2001, Seite 3. Im Internet unter www.erz.uni-hannover.de/ifsw/daten/lit/pilz_rechtsex.pdf

Motive für Gewalt

Menschen, die gewalttätig handeln, haben unterschiedliche Motive und können damit ganz verschiedene Ziele verfolgen. Die Kenntnis möglicher Zusammenhänge ist für das Einleiten präventiver und intervenierender Maßnahmen unerlässlich, auch wenn Gewalthandlungen im Allgemeinen nicht durch ein klar abgrenzbares Einzelmotiv ausgelöst werden. Eine sehr anschauliche praxisunterstützende Übersicht wurde in folgender Tabelle zusammengestellt:

Nach: Melzer, Wolfgang u. a.:
Gewaltprävention und Schulentwicklung, Klinkhardt Verlag, Bad Heilbrunn 2004, Seite 50.

Motive	Ziele	Beispiele
Gewalt als Mittel oder Instrument	eigene Vorteile erreichen, politische Ziele durchsetzen	Diebstahl, Raubüberfall, Rebellion gegen die Staatsmacht
Gewalt als Gegengewalt	Selbstschutz, Verteidigung	Auseinandersetzungen zwischen Jugendgruppen
Gewalt als Erfahrung von Macht, Handlungsfähigkeit und Selbstwert	Überwindung von Ohnmachtserfahrungen durch Erreichen von Anerkennung innerhalb der männlichen Gewaltstruktur	Quälen von Jüngeren
Gewalt als unmittelbare sinnliche Erfahrung	Rückgewinnung der Authentizität eigenen Lebens setzt der medialen eine reale Wirklichkeit entgegen.	Faustschlag, Steinwurf
Gewalt als Organisationsprinzip und Kommunikationsmedium	Schutz, Geborgenheit, Solidarität, soziale Organisation von Interessen, Ausdruck von Bedürfnissen	gewalthaltiger Umgangston in Jugendgangs
Gewalt als spontane Provokation gegen die Welt der Erwachsenen	Aufsprengen der gesellschaftlichen Doppelmoral	Rechts- und Linksextremismus
Gewalt als kulturelle Gewalt, der die ideologische Vorstellung von der Ungleichheit der Menschen zugrunde liegt	Finden von einfachen, ausgrenzenden Erklärungsmustern	Fremdenhass, Rassismus, Sexismus

Gefährdende Faktoren

Nach verschiedenen Untersuchungen erhöht sich das Risiko der Entstehung von Jugendgewalt dramatisch, wenn mindestens zwei der folgenden belastenden Faktoren zusammentreffen:

> Erfahrung familiärer Gewalt: Kinder und Jugendliche sind nicht nur Täter, sondern in besonderem Maße auch Opfer von Gewalt. Die meiste Gewalt erleben Jugendliche in der Familie. Obgleich seit November 2003 Gewalt in der Erziehung per Gesetz verboten ist, werden immer noch viele Kinder körperlich gezüchtigt. Wer selbst mit Gewalt erzogen wurde, ist in stärkerem Maße gefährdet, auch selbst Gewalt auszuüben.

> Gravierende soziale Benachteiligung der Familie: Den verringerten Zugangschancen für gesellschaftliche Teilhabe und den damit verbundenen geringen finanziellen Möglichkeiten stehen zunehmende Konsumbedürfnisse gegenüber, zum Beispiel nach Statussymbolen wie Markenkleidung oder Handys.

> Schlechte Zukunftschancen der Jugendlichen selbst, insbesondere aufgrund niedrigen Bildungsniveaus: Die individuellen Chancen, einen Platz in der Gesellschaft zu finden, der materielle Sicherheit und soziale Anerkennung bietet, sind für viele Jugendliche besonders beeinträchtigt. Gefährdet sind vor allem deutsche Spätaussiedler, Asylbewerber sowie Migranten mit einem oder ohne einen deutschen Pass.

> Orientierungslosigkeit in der Sozialisation durch fehlende oder unzureichende Erziehungskompetenz der Eltern

> Zeitlich ausgedehnte Mediennutzung: Sie tritt vor allem dann auf, wenn die genutzten Medienprodukte gewaltsame Verhaltensweisen zeigen oder beinhalten.

Nach: Ministerium für Kultus Jugend und Sport Baden-Württemberg u. a. (Herausgeber):
Aktiv gegen Gewalt – Ein Reader. Stuttgart 2003.
Im Internet: www.schule-bw.de/unterricht/paedagogik/gewaltpraevention

Für das Entstehen von Gewalt bei Jugendlichen spielen folglich außerschulische Einflüsse eine ganz erhebliche Rolle. Doch aus vielen Untersuchungen ist bekannt, dass es auch bedeutsame innerschulische Einflüsse gibt. Schulische Risikofaktoren für Gewalt liegen diesen Analysen zufolge vor allem in einer ungenügend entwickelten Schul- und Lernkultur. Das äußert sich zum Beispiel folgendermaßen:

> Schülerinnen und Schüler und Lehrkräfte haben keine vertrauensvollen Beziehungen entwickelt; sie sprechen nicht oder nur wenig miteinander.

> Schülerinnen und Schüler fühlen sich von Lehrkräften etikettiert und stigmatisiert; sie fühlen sich nicht angenommen und nicht ernst genommen.

> Lehrkräfte (re)agieren selbst aggressiv und verletzen Schülerinnen und Schüler verbal.
> Schülerinnen und Schüler fühlen sich in ihrer Klasse nicht wohl, fühlen sich ausgegrenzt und werden zu Außenseitern.
> Ein interessantes Schulleben (außerunterrichtliche Angebote, Schulfeste oder Klassenfahrten) findet nicht statt.
> Der Unterricht geht zu wenig auf die Belange der Schülerinnen und Schüler ein; sie fühlen sich zu wenig in den Lernprozess einbezogen.
> Unterricht wird als sinnlos und lebensfremd empfunden.
> Schülerinnen und Schüler haben zu wenige Mitsprachemöglichkeiten.
> Lehrkräfte sowie Schülerinnen und Schüler schauen bei Gewalt weg und greifen nicht helfend ein.
> Schulleitung und Kollegium bemühen sich nicht um eine ständige Verbesserung der Qualität ihrer Schule.

Die einzelne Schule hat also durch das Einwirken auf innerschulische Risiko-faktoren durchaus Möglichkeiten, die Gewaltbelastung zu reduzieren.

Wird alles schlimmer?

Da es nur wenige Langzeituntersuchungen gibt, kann auch nicht mit Sicherheit gesagt werden, ob und wie sich das Gewaltverhalten von Jugendlichen verändert. Bleibt es gleich? Greifen die vielen Präventionsbemühungen? Oder nimmt die Gewalt immer mehr zu, wie manche Medienberichte glauben machen wollen?

Hierzu gibt es unterschiedliche Feststellungen. Aus Schleswig-Holstein wird zum Beispiel über eine Zunahme von Gewalt berichtet. Das Kriminologische Forschungsinstitut Niedersachsen (KFN) dagegen, das seit einigen Jahren repräsentative Schülerbefragungen (Längsschnittuntersuchungen) macht, schließt aus Befragungen in den drei süddeutschen Städten Stuttgart, München und Schwäbisch Gmünd, dass es keineswegs eine Zunahme von Jugendgewalt gibt, sondern eher einen leichten Rückgang. Abgesehen davon, dass hier vielleicht unterschiedliche Gewaltdefinitionen zugrunde gelegt werden, kann es sein, dass Gewalt sich in unterschiedlichen Regionen unterschiedlich entwickelt und beide Einschätzungen stimmen. Auch das KFN hat in seinen Untersuchungen diese Erfahrung gemacht. So begehen Kinder und Jugendliche in Deutschland mit türkischem, jugoslawischem oder russischem Familienhintergrund nach eigenen Angaben häufiger Gewalttaten als Kinder und Jugendliche aus deutschen, holländischen, englischen oder französischen Familien. Türkische junge Männer sind bei Gewaltdelikten über-repräsentiert, aber eben nicht überall. In Oldenburg weisen sie zum Beispiel nur eine halb so große Belastungsrate auf wie in Dortmund.

Die Annahme, dass (körperliche) Gewalt an Schulen zurückgeht, entspricht auch den Erfahrungen der Versicherungen, denen Verletzungen auf Schulhöfen und Schulwegen, die ärztlichen Einsatz nötig machen, gemeldet werden. Seit dem Jahr 1997 gingen die schweren Raufunfälle um 27 Prozent zurück. Für die Formen psychischer Gewalt liegen keine gesicherten Daten vor.

Nach: Pfeiffer, Christian/ Wetzels, Peter/ Enzmann, Dirk:
Innerfamiliäre Gewalt gegen Kinder und Jugendliche und ihre Auswirkungen. Hannover 1999.
Im Internet unter www.kfn.de/kfnveroeffentlichungen.html

Nimmt die extremistische Gewalt zu?

Uneindeutige Erkenntnisse ergibt auch die Beobachtung rassistischer Vorfälle. Schlagzeilen machte Rassismus im Jahr 2006 nicht zuletzt im Fußball. Bei medien-relevanten Spielen in der Bundesliga gibt es zwar weniger rassistische Ausfälle wie Affengebrüll, allerdings ist der Rassismus auch dort nicht verschwunden. Er findet nur verdeckter statt. Er tarnt sich mit bestimmten Verhaltensweisen oder Codes, afrodeutsche Spieler werden zum Beispiel des Öfteren nicht mit Namen genannt, sondern nur mit der Trikotnummer gerufen. Deutlich zeigt sich der Rassismus dort, wo die Öffentlichkeit nicht hinschaut. In den unteren Ligen gehören rassistische und rechtsextreme Äußerungen häufig zum Alltag.

Ereignisse wie der Fall aus Sachsen-Anhalt erregen immer wieder Aufsehen. Dort hatten im Jahr 2006 Jugendliche einem Mitschüler einen DIN-A4-Zettel um den Hals gehängt mit der Aufschrift: „Ich bin im Ort das größte Schwein, ich lass mich nur mit Juden ein." Der Berliner Senat verzeichnet in seiner Studie „Gewaltsignale an Berliner Schulen 2004/2005" unter dem Stichwort „(Rechts-) Extremismus" einen Anstieg „antisemitisch, rassistisch/fremdenfeindlich, rechtsextrem, volks-verhetzend oder fundamentalistisch/extremistisch" motivierter Äußerungen auf 62 gemeldete Vorfälle.

Verlässliche Daten über rassistisch und extremistisch motivierte Taten von Jugend-lichen liegen jedoch nicht vor. Die rechtsextremistischen Straftaten in der Gesamt-bevölkerung sind allerdings besorgniserregend angestiegen, um 20 Prozent in den ersten acht Monaten des Jahres 2006 gegenüber dem Vorjahr – und um fast 50 Prozent mehr gegenüber 2004 in östlichen und westlichen Bundesländern. Allerdings gibt es große Unterschiede zwischen den Bundesländern. Aus der Zahl der Straftaten kann nicht ohne Weiteres auf eine Zunahme der rechtsextremistischen Gewalt von Jugendlichen geschlossen werden. Denn rechtsextremistische Gewalt ist kein Jugendphänomen in einer ansonsten intakten Gesellschaft.

Die meisten Jugendlichen sind nicht gewalttätig

Es spricht viel dafür, dass Jugendgewalt nicht ständig zunimmt, sondern der größte Teil der Jugendlichen sich nach wie vor nicht gewalttätig verhält. Allerdings gibt es immer wieder einzelne höchst dramatische Gewaltereignisse: einzelne Schülerinnen oder Schüler oder Gruppen, die Lehrkräfte oder Mitschülerinnen und Mitschüler absichtlich diskriminieren, verletzen oder töten oder Amok laufen.

Durch die Verschärfung der Intensität von Gewalthandlungen bei einer Minderheit der Kinder und Jugendlichen entsteht der Eindruck, dass die Gewalt zunimmt. Oft wird dann auch der einzelnen Schule vorschnell die Hauptverursachung dafür zugeschrieben, wie es bei der Berliner Rütli-Schule der Fall war.

Es ist offensichtlich, dass Gewalt ein Problem der ganzen Gesellschaft ist und nicht isoliert auf eine Institution wie die Schule oder sogar auf eine einzelne Schule zurückgeführt werden darf. Gleichwohl ist Schule ist eben der Ort, an dem die meisten Jugendlichen am häufigsten zusammentreffen. Und natürlich kann Schule auch selbst Auslöser von Gewalt sein. Schule spiegelt gesellschaftliche Strukturen wider, die sie als Institution selbst nur mittelbar beeinflussen kann.

Die Probleme mit Jugendgewalt sollten weder verharmlost noch ignoriert, andererseits aber auch nicht skandalisiert werden. Dramatisierungen und daraus vorschnell abgeleitete Generalisierungen und Maßnahmen sind für die Bewältigung von Gewalt nicht hilfreich.

KAPITEL 4

„Da muss mal **was passieren!**"

**Strategien gegen Gewalt
und Extremismus im Überblick**

*„An unserer Schule gibt es keine Gewalt."
Noch immer werden Probleme mit Gewalt
an vielen Schulen und in vielen Jugendeinrichtungen verschwiegen oder geleugnet.
Doch Gewalt verschwindet nicht von selbst.
Die Prävention von und der Umgang mit
Gewalt müssen stärker zum Thema
gemacht werden. Nicht erst, wenn etwas
geschehen ist.*

Licht im Dickicht

Mittlerweile liegen unzählige Erfahrungen und Berichte über Gewaltereignisse in Schulen vor – und nahezu genauso viele Vorschläge für Präventions- und Interventionsmaßnahmen und -methoden sowie ganze Anti-Gewalt-Programme. Es gibt so viel Material, dass der Umgang mit Gewalt eigentlich kein Thema mehr sein sollte. Aber sowohl die Ratgeberliteratur als auch die wissenschaftliche Fachliteratur ist in dieser Hinsicht relativ unübersichtlich. Dafür gibt es verschiedene Ursachen:

1. Die vorgeschlagenen Präventions- und Interventionsmaßnahmen beruhen oft auf allgemeinen Prämissen der jeweiligen wissenschaftlichen Disziplin (Psychotherapie, Psychologie, Pädagogik, Sozialpädagogik oder Kriminalistik) oder auf Alltagstheorien (das Wichtigste sei eine therapeutische Behandlung der Täter, Aufklärung, Abschreckung), nicht aber auf praxiserprobten und speziellen wissenschaftlichen Erkenntnissen.

2. Die meisten Maßnahmen beziehen sich hauptsächlich auf die Täterproblematik (Was kann getan werden, damit weniger Gewalthandlungen geschehen?), weniger auf die Opferproblematik (Wie können Opfer geschützt und gestützt werden?). Präventions- und Interventionsprogramme müssten aber gleichermaßen die Opfer- als auch die Täterperspektive berücksichtigen.

3. Die Zielebenen und Anwendungssituationen sind sehr heterogen. Viele Vorschläge beziehen sich auf einmalige, punktuelle Maßnahmen, bleiben dadurch episodenhaft und sind von wenig dauerhafter Wirkung. Schulische Prävention und Intervention sind allerdings nur dann optimal wirksam, wenn Einzelmaßnahmen unterschiedlicher Ebenen in den Rahmen eines Gesamtkonzepts der spezifischen Schulentwicklung eingebettet sind. Nur langfristige, auf mehreren Ebenen ansetzende Maßnahmen bewirken, dass neue Verhaltensweisen, bei Lehrkräften und Gruppenleitern sowie bei Jugendlichen, verinnerlicht und Bestandteil der eigenen sozialen Kompetenz werden.

4. Die Frage nach der Effektivität der Maßnahmen wird zu selten oder zu oberflächlich gestellt. Meist werden die unmittelbaren Rückmeldungen für einen ausreichenden Erfolgsnachweis gehalten: „Es hat den Jugendlichen Spaß gemacht." „Ich habe den Eindruck, die Gruppe geht freundlicher miteinander um." Viele Effektivitätskontrollen unterliegen allein den subjektiven Empfindungen der Teilnehmerinnen und Teilnehmer. Ob eine Maßnahme als gelungen gilt oder nicht, wird dann primär mit dem persönlichen Gewinn, nicht aber damit in Verbindung gebracht, ob die ursprünglich intendierten Ziele erreicht werden konnten. Für jede Maßnahme und jedes Programm wäre eine systematische Evaluation erforderlich, die aus Kosten- und Zeitgründen oft nicht

realisiert wird. Aber nur dadurch könnten die Wirksamkeit einzelner Maßnahmen festgestellt und wirksame Maßnahmen anderen Schulen im Sinne
einer systematischen Gewaltprävention empfohlen werden.

5. Präventions- und Interventionsprogramme werden durchaus auch unter öko-
   nomischem Aspekt entwickelt. Die zunehmende Diskussion um Gewalt an
   Schulen und die verbreitete Unsicherheit von Schulen, wie damit umzugehen
   ist, haben einen Markt eröffnet. Eine ganze Reihe von außerschulischen
   Pädagogen und Institutionen hat eigene Programme entwickelt und bietet sie
   den Schulen gegen Bezahlung an. Viele Schulen sind gerne bereit, die Gewaltprävention anderen zu überlassen, nach dem Motto: Dafür haben wir keine
   Zeit. Oder: Dafür sind wir nicht ausgebildet. Für die Kosten kommen im
   Allgemeinen die Eltern auf. Hier schwingt auch der Glaube mit: Was etwas
   kostet, muss auch besser sein als das, was die Schule kostenlos anbieten
   könnte.

6. Im Allgemeinen sind die Projekte von außen bei Schülerinnen und Schülern
   und Lehrkräften sehr beliebt. Ihr Nutzen für die Gewaltprävention wird aber
   selten evaluiert. Sie eignen sich gut als Einstieg. Das nachhaltige Gelingen
   gewaltpräventiver Maßnahmen hängt davon ab, ob diese anschließend in den
   Alltag der Schule eingebettet werden.

Anti-Gewalt-Maßnahmen werden sortiert...

1. ... nach dem Stadium, in dem die Maßnahme ansetzt:

Prävention und Intervention

Prävention will das Entstehen von Gewalt verhindern. Präventive Maßnahmen
zielen deshalb vor allem darauf ab, die Ursachen und Risikofaktoren, die Gewalt
auslösen oder bedingen können, zu erkennen und zu verändern. Zum Beispiel:

> soziale Kompetenzen fördern
> Jugendliche zur Mitbestimmung motivieren
> ein Schulleitbild gegen Gewalt entwickeln

Intervention setzt an, wenn Gewalt bereits offensichtlich geworden ist. Sie zielt
darauf ab, Täter zu sanktionieren und Opfer zu stärken. Zum Beispiel:

> schulische Ordnungsmaßnahmen
> Täter-Opfer-Ausgleich
> Schülergerichte

In der Praxis lassen sich präventive und interventive Maßnahmen allerdings nicht klar voneinander unterscheiden. Jede Intervention hat zugleich auch eine präventive Wirkung, zum Beispiel durch informative Anteile, aber auch dadurch, dass die Beteiligten sich mit ihren Gewalterfahrungen auseinandersetzen müssen. Und jede präventive Maßnahme zielt bereits auch auf Intervention, zum Beispiel das Einführen von Mediationsprogrammen in der Schule.

2. ... nach der Dimension, auf die die Maßnahme zielt:

Individuum und Umwelt
Bei Maßnahmen, die auf das Individuum bezogen sind, ist das Ziel die Schülerin oder der Schüler. Auf ihre Einstellungen, Fähigkeiten, Verhaltensweisen soll eingewirkt werden, sodass die Jugendlichen sich in sozial akzeptabler Weise verändern können. Zum Beispiel:
> verhaltenstherapeutische Maßnahmen
> Anti-Aggressivitäts-Trainings oder Coolness-Trainings
> Selbstbehauptungstrainings

Umweltbezogene Maßnahmen sind auf soziale oder sogenannte systemische Ressourcen gerichtet. Durch die Veränderung verschiedener Umweltfaktoren sollen indirekt Verhaltensänderungen einzelner Menschen bewirkt werden. Zum Beispiel:
> Erziehung zur Demokratie
> Schule ohne Rassismus
> strukturelle Veränderungen des Schulsystems

3. ... nach Inhalten und Methoden:

Es gibt sehr viele unterschiedliche Programme. Die häufigsten sind:
> Aufklärung über Gewalt, zum Beispiel: Aufklärung durch die Polizei über Waffengebrauch oder durch die Staatsanwaltschaft über Strafrecht
> Immunisierungs- und Selbstvertrauens-Stärkungs-Strategie, zum Beispiel: Selbstbehauptungstraining für Mädchen oder Coolness-Training für Jungen
> Mediationsprogramme, zum Beispiel: Streitschlichter oder Konfliktlotsen
> Sozialtraining, zum Beispiel: Paten-, Mentoren- und Buddy-Programme
> Sportprogramme, zum Beispiel: Boxen oder Streetball
> Kunst- und Medienprojekte, zum Beispiel: Theater, Musical oder Graffiti
> außerschulische Peer-Projekte, zum Beispiel: Täter-Opfer-Ausgleich oder Schülergerichte

4. ... nach der Ebene, auf der die Maßnahme angesiedelt ist:

Schule – Kommune oder Region – Bundesland

Auf Schulebene: Die einzelnen Schulen können sich auf unterschiedliche Weise mit dem Thema Gewalt auseinandersetzen. Im Unterricht können Gewalt, Rechtsextremismus und soziales Lernen Thema sein. Es wurden außerdem zahlreiche Projekte entwickelt und verwirklicht: Ein Anti-Aggressivitätstraining, erlebnispädagogische Übungen oder ein Selbstbehauptungstraining werden häufig von außerschulischen Fachleuten in die Schulen gebracht und auch von ihnen geleitet. Außerdem gibt es Programme wie das Streitschlichten oder Buddy-Systeme.

Durch Schulsozialarbeit sollen Gewaltprobleme durch direkte Arbeit mit einzelnen Schülerinnen und Schülern, mit Gruppen und ganzen Klassen, eingedämmt werden. Zugleich sollen Kontakt und Vernetzung mit Eltern und außerschulischen Unterstützungsinstitutionen intensiviert werden. Sind die schulischen Maßnahmen gegen Gewalt in ein ganzheitliches Konzept eingebunden, spricht man von einem Schulentwicklungsprogramm.

Auf regionaler und lokaler Ebene

Durch Kooperation mit der Polizei soll eine möglichst niedrige Schwelle für den Informationsaustausch zwischen Schule und Polizei gesetzt und deren Eingreifmöglichkeiten beschleunigt werden. Schülerinnen und Schüler sollen die Polizei als Freund und Helfer und nicht als bedrohliche Strafinstanz wahrnehmen. Dafür wurden spezielle Polizeieinheiten und Hotlines eingerichtet.

An Runden Tischen sollen sich Schulen, Elternbeiräte, Jugendamt, Polizei und andere relevante Institutionen regelmäßig über Gewaltprobleme austauschen und gemeinsam Maßnahmen gegen Gewalt initiieren sowie organisieren.

Auf Landesebene

Ohne intensive Lehrerfortbildung lassen sich Gewaltprävention und Intervention nicht realisieren. Die Kompetenzen, die dazu notwendig sind, werden in der Lehrerausbildung im Allgemeinen nicht erworben. Außerdem nehmen schulpolitische Maßnahmen, Veränderungen des Bildungssystems, die Präventionsräte und Kultusbehörden der Länder Einfluss auf die Gestaltung der Gewaltprävention. Einen Überblick über die Angebote in den Ländern gibt der Bundesbildungsserver: **www.bildungsserver.de**

Wie wirkt Prävention?

Jede der erwähnten Maßnahmen hat Vor- und Nachteile. Besondere Skepsis ist gegenüber dem unkritischen Glauben an die Wirkung von Information, Aufklärung und interkulturellem Kontakt angebracht. Solche Aktionen müssen sehr gut überlegt und vorbereitet werden. Sonst besteht die Gefahr, dass sie das Gegenteil von dem bewirken, was intendiert ist. Die Aufklärung über den Umgang mit Waffen kann Jugendliche zum Beispiel anregen, Waffen einmal selbst auszuprobieren.

Gewaltpräventive und intervenierende Arbeit muss an der Situation und den Problemen der Schule oder Jugendeinrichtung ansetzen. Jede Schule sollte deshalb ein an ihren Bedingungen und Risikofaktoren angepasstes pädagogisches Profil entwickeln.

Allein das Zählen von Gewalthandlungen und Konflikten kann kaum Auskunft über den Erfolg von Maßnahmen gegen Gewalt geben. Quantitative Vorher-Nachher-Auszählungen können sogar den Effekt haben, dass nach der Maßnahme mehr Gewalt und mehr Konflikte wahrgenommen werden als davor. Statt daraus auf die Unwirksamkeit des Programms zu schließen, könnte es sein, dass das Programm sehr wohl einen positiven Effekt hat, indem es die Sensibilisierung für die Gewaltwahrnehmung erhöht hat. Jugendliche und Erwachsene schauen dann genauer hin.

Es gibt einfache interne Evaluationsmöglichkeiten, die in vielen Schulen und Jugendeinrichtungen noch nicht ausgeschöpft werden. Vor der Entscheidung für eine bestimmte Maßnahme müssen die Zielsetzungen für Gewaltprävention konkret formuliert werden:

> Was soll erreicht werden?
  Die Jugendlichen sollen ihre eigenen Erfahrungen mit Gewalt artikulieren. Sie sollen erfahren, wie sie sich bei Gewalt verhalten sollen – und sie sollen lernen, Verantwortung für ein friedliches Zusammenleben zu übernehmen.
> Woran merken wir, dass wir das Ziel erreicht haben?
  In jeder Klasse und in jedem Gruppenraum hängt eine Information „Verhaltensweisen bei Gewalt". Bei Gewaltereignissen wird überprüft, ob diese Empfehlungen im Alltagshandeln Änderungen bewirken.
> Den Jugendlichen wird ein Konflikttraining angeboten. Eine Institution wie der Streitschlichter wird eingerichtet und von den Gruppenleitern akzeptiert und positiv begleitet.

„Wie geht's meiner Gruppe?"

Die Situation analysieren

Wie nehme ich selbst Gewalt wahr? Wie trage ich dazu bei? Was kann ich gemeinsam mit anderen tun, die Gewalt bewusst zu machen und abzubauen, sodass wir friedlich zusammen lernen und leben können? Sich die eigenen Einstellungen und Haltungen zu Gewalt bewusst zu machen hilft, klare Handlungsgrundsätze zu erarbeiten – Jugendlichen wie Erwachsenen.

Vorher nachdenken

Wer Maßnahmen zur Prävention von Gewalt in einer Schule oder Jugendeinrichtung einführen oder intensivieren will, sollte sich zuerst einen Überblick über die Lage verschaffen. Denn nur wenn die Konzepte von den spezifischen Bedingungen in der jeweiligen Institution ausgehen, können sie in konstruktive Prozesse umgesetzt werden. Prävention muss passen, damit sie erfolgreich ist.

TIPP

Blinde Flecken

Nehmen Sie sich Zeit, um für sich die folgenden Fragen zu reflektieren:

> Welche Erfahrungen habe ich in meinem Leben mit Gewalt gemacht: als Kind, als Jugendliche/r, als Erwachsene/r?

> Was war dabei für mich belastend? Was war befreiend? Was hat mir geholfen, Folgen von Gewalt zu verarbeiten? Was hätte ich mir zur helfenden Verarbeitung gewünscht?

> Wie ist es mir als Frau oder Mann in dieser Gewalterfahrung ergangen? Welche hilfreichen oder belastenden Erfahrungen habe ich dabei mit dem eigenen und mit dem anderen Geschlecht gemacht?

> Wenn ich jetzt zum Thema Gewalt arbeite: Welche Stärken kann ich einbringen? Was wird mir schwerfallen? Wovor will und muss ich mich schützen?

> Wo liegen meine eigenen Interessen, Wünsche, Anliegen bei diesem Thema? Sind sie identisch mit dem Anliegen der Schule oder der Jugendeinrichtung?

> Welche Themen, Handlungen, Perspektiven sind für mich bei dem Thema Gewalt unverzichtbar?

Hilfreich ist es, das selbstreflexiv erarbeitete Themen- und Handlungsspektrum mit Kolleginnen und Kollegen des Vertrauens durchzusprechen, um die eigene Haltung noch einmal zu überprüfen und unbewusste Einstellungen zu erschließen sowie Gemeinsamkeiten und Unterschiede zu erkennen.

Für eine erste Datensammlung in einer Gruppe, einem Jahrgang oder einer Schule können Fragebogen verwendet werden, in denen die Jugendlichen gebeten werden, Auskunft über ihr eigenes Gewaltverhalten innerhalb eines überschaubaren Zeitraums zu geben. Die Antwortmöglichkeiten sollten vorgegeben werden. Das erleichtert die Beantwortung, insbesondere aber auch die Auswertung. Fragen und Antwortmöglichkeiten sollten nicht zu sehr ins Detail gehen und leicht verständlich formuliert sein; die Befragung muss anonym erfolgen, damit die Antworten (möglichst) wahrheitsgetreu erfolgen.

Für eine Analyse, die Grundlage zur Prävention werden kann, reicht es nicht aus, Anzahl und Art der Gewaltvorkommnisse, das heißt sogenannte harte Daten, zu erheben. Gewalt ist ein komplexes Problem. Um es in den Griff zu bekommen, werden auch Informationen darüber benötigt, welche unterschiedlichen Faktoren Gewalt hervorrufen oder begünstigen und welche Faktoren Gewalt verhindern oder abmildern. In die Analyse dieses Beziehungsgeflechts sollten nicht nur die Menschen (Jugendliche, Gruppenleiter, Lehrkräfte, Schulleiterin oder Schulleiter, Eltern), sondern auch die räumlichen Gegebenheiten (Gebäude, Umfeld), Organisationsstrukturen oder die Kurs- und Unterrichtsgestaltung einbezogen werden.

Das Gewaltpotenzial einer Schule wird durch folgende Faktoren beeinflusst:
> das Schulklima
> Identifikationsangebote für alle Beteiligten
> die Mitgestaltungsmöglichkeiten für alle Beteiligten
> eindeutige Regeln zur Gewaltvermeidung
> eindeutige Maßnahmevereinbarungen nach Gewaltanwendung

Die Analyse des Verhaltens der Jugendlichen sollte nicht nur auf ihre Gewaltbereitschaft, auf ihre individuellen Defizite und auf Defizite in ihrem Umgang miteinander oder ihre Opfererfahrungen abzielen. Basiserhebungen zur Gewaltprävention

TIPP

Nur für Erwachsene

Sammeln Sie mit Ihren Kolleginnen und Kollegen in einem Brainstorming die unterschiedlichen gewaltauslösenden und -mitbedingenden Faktoren. In einem zweiten Schritt wird versucht, Beziehungsstrukturen zwischen den verschiedenen Faktoren herzustellen. Dann wird überlegt, was sich durch die Veränderung eines Faktors an Prozessveränderungen bezüglich Gewaltbereitschaft und Gewaltverhinderung für die Schule oder Jugendeinrichtung ergibt.

Eine entsprechende Übung kann auch die Gruppe der Eltern erproben, oder alle Gruppen gemeinsam in der Schulkonferenz, in der Vereins- oder Teamsitzung.

Arbeitsblatt 1: Eine Bestandsaufnahme

Wie oft hast du selbst in der Schule oder in der Freizeit in den letzten zwölf Monaten Folgendes gemacht?	nie	alle paar Monate	mehrmals im Monat	mehrmals in der Woche
Sachen von anderen absichtlich kaputt gemacht	☐	☐	☐	☐
Anderen auf dem Schulweg aufgelauert, sie belästigt, bedroht oder verprügelt	☐	☐	☐	☐
Andere Jugendliche mit Schimpfworten beleidigt	☐	☐	☐	☐
Andere Jugendliche belästigt, verspottet, bedroht	☐	☐	☐	☐
Sachen absichtlich zerstört, die der Schule oder der Jugendeinrichtung gehören (zum Beispiel Stühle, Bücher)	☐	☐	☐	☐
Anderen etwas gewaltsam weggenommen	☐	☐	☐	☐
Gemeinsam mit anderen einen Jungen oder ein Mädchen verprügelt	☐	☐	☐	☐
Einen anderen Jugendlichen verprügelt	☐	☐	☐	☐
Waffen (Schreckschusspistole, Messer, Pfefferspray) mit in die Schule oder Jugendeinrichtung gebracht	☐	☐	☐	☐
Einen anderen Jugendlichen mit der Waffe bedroht	☐	☐	☐	☐
Gewaltvideos auf dein Handy geladen und anderen gezeigt	☐	☐	☐	☐

müssen ziel- und ergebnisorientiert sein. Dazu müssen sie von den Stärken der Jugendlichen, an denen Maßnahmen ansetzen können, ausgehen. Welche Fähigkeiten, welche Bereitschaften sind bei wem schon vorhanden, die zur positiven Bewältigung des Zusammenlebens eingesetzt werden können?

Bei allen Erhebungen muss man sich bewusst sein, dass immer eine Ist-Situation erfasst wird, eine Zustandsbeschreibung, nicht aber schon eine Ursachenklärung versucht werden kann. Da Gewaltbereitschaft und Gewaltverhalten im Allgemeinen viele miteinander verflochtene Ursachen hat, ist eine Ursachenklärung äußerst schwierig. Meist bleibt es bei Vermutungen. Häufig sind Ursachen, die im außerschulischen Bereich liegen, auch nicht zu beeinflussen. Deshalb sollte nicht zu viel

Zeit und Mühe darauf verwendet werden, solche Ursachen zu finden – und schon gar nicht sollten Schuldige gesucht werden. Das Augenmerk sollte in erster Linie darauf liegen, Risikofaktoren für Gewalt ausfindig zu machen, die hier auch veränderbar sind, und hier Lösungen zu suchen und umzusetzen.

Vor der Arbeit mit ihrer Gruppen sollten sich die Lehrenden und Gruppenleiter selbst fragen:
> Wie gehe ich mit Konflikten um?
> Was bringt mich an meine Grenzen?
> Was löst bei mir Gewalt aus?
> Welche Stärken habe ich beim Umgang mit dieser Gruppe?

Die Gruppe im Profil

Bevor Sie mit den Übungen beginnen, sollten Sie ein Gruppenprofil erstellen:
> Wie viele Jugendliche sind in meiner Lerngruppe?
  Wie viele Mädchen? Wie viele Jungen?
> Wie viele und welche Nationalitäten?
> Gibt es besondere Auffälligkeiten?
> Konflikte? Außenseiter? Mobbing? Cliquen?
> Wer hat Macht und Einfluss in der Klasse?
> Gab es schon oder gibt es besondere Gewaltvorfälle?
> Besteht der Verdacht, dass einzelne Jugendliche in der Familie von körperlicher Gewalt oder sexuellen Übergriffen betroffen sind?
> Gibt es besondere Stärken? Ein besonderes Vertrauensverhältnis? Besondere Hilfsbereitschaft untereinander?

Arbeiten in den Unterrichtseinheiten oder bei Projekten Schulfremde mit, wie zum Beispiel Trainerinnen und Trainer oder Angehörige von Jugendamt und Polizei, müssen auch sie über die Gruppensituation informiert werden. Hierbei muss allerdings besonders sensibel mit Erkenntnissen über einzelne Jugendliche umgegangen werden. Solche Erkenntnisse und andere persönliche Daten dürfen ohne Einverständnis der Betroffenen nicht weitergegeben werden. Bei Minderjährigen müssen die Eltern zustimmen.

Alle Übungen müssen aufgearbeitet werden und zu weiteren Diskussionen und konkreten Maßnahmen führen. In der Schule können die Übungen zum Beispiel als Einstieg in Projekte zum Thema Gewalt dienen.

Eine Bestandsaufnahme

Die Jugendlichen werden nach ihren Bedürfnissen, Interessen und Wünschen bezüglich eines friedlichen Zusammenlebens in ihrer Klasse befragt. Dazu werden sie gebeten, sich zu den auf dem Arbeitsblatt „Wie geht's dir in der Gruppe?" aufgeführten Gesprächsimpulsen Gedanken und Notizen zu machen. Je nach Gruppensituation können auch weitere oder andere Gesprächsimpulse angeboten werden, die dazu beitragen, dass die Jugendlichen sich über ihre Befindlichkeit äußern und besser miteinander vertraut werden können. Das Arbeitsblatt sollte anonym ausgefüllt werden. Die Auswertung wird von der Gruppenleitung vorgenommen und an die Jugendlichen zurückgemeldet. Die Befragung darf keine Trockenübung bleiben, sondern die Ergebnisse müssen in jedem Fall zu konkreten Maßnahmen führen.

Arbeitsblatt 2: Wie geht´s dir in der Gruppe?

Was mich in der Klasse/ in der Gruppe am meisten stört:

Was mir an meiner Klasse/ Gruppe gut gefällt:

Was ich mir von meinen Mitschülerinnen und Mitschülern/ von den anderen Jugendlichen wünsche:

Was ich mir von meinen Lehrerinnen und Lehrern/ der Gruppenleitung wünsche:

Was ich selbst dazu tun kann, damit ich mich in der Klasse/ Gruppe wohl fühle:

Gewaltgeschichten

Bitten Sie die Mitglieder Ihrer Lerngruppe darum, ihre eigenen Erfahrungen mit
Gewalt zu reflektieren, indem sie eine Situation aufschreiben, die ihnen besonders
im Gedächtnis haftet oder die sie noch beschäftigt. Die ohne Namensnennung
ausgefüllten Arbeitsblätter können in der Gruppe gelesen und besprochen werden.
Die Veröffentlichung ist freiwillig.

Arbeitsblatt 3: Was hast du erlebt?

**Beschreibe ein Erlebnis, bei dem du mit Gewalt zu tun hattest oder bei dem du dich vor
jemandem gefürchtet hast. Es kann ein Erlebnis sein, das du in der Schule oder in deiner
Freizeit gemacht hast. Du kannst alles aufschreiben, was du möchtest. Du brauchst
deinen Namen nicht zu nennen. Kreuze aber bitte an, ob du ein Mädchen oder ein Junge
bist.**

☐ Junge   ☐ Mädchen

Was ist geschehen?

Wie hast du dich dabei gefühlt?

Was hast du unternommen?

Wenn das Erlebnis, das du beschrieben hast, noch nicht vorbei ist, was würdest du
dagegen tun?

Wer könnte dir helfen?

Position beziehen

Die folgende Übung ermöglicht den Jugendlichen, ihre eigene Definition und ihren eigenen Standpunkt zu verschiedenen Formen von Gewalt zu zeigen, ohne sichdafür rechtfertigen zu müssen. Außerdem lernen sie unterschiedliche Formen und Definitionen von Gewalt kennen. Sie sehen, dass andere anderes als Gewalt wahrnehmen und empfinden. Die Übung gibt auch Jugendlichen, die sich verbal kaum artikulieren, die Möglichkeit, sich zu äußern und zu beteiligen.

Der Übungsraum wird in zwei Hälften geteilt. Jede Hälfte wird durch ein Schild gekennzeichnet. Auf der einen Seite steht „Das ist für mich keine Gewalt" und auf der anderen „Das ist für mich Gewalt".

Lesen Sie die Sätze auf dem Arbeitsblatt 4 „Ist das Gewalt für dich?" nacheinander vor. Die Jugendlichen beziehen Stellung, indem sie sich in eine der Raumhälften stellen. Sie können nachfragen, warum sich Einzelne für oder gegen Gewalt entschieden haben. Dabei sollen aber keine Diskussionen entstehen, es geht nicht um richtig oder falsch, sondern nur um Verständnisfragen. Sie bleiben während der gesamten Übung, auch wenn Sie etwas nachfragen, in der Mitte des Raumes stehen, damit ganz deutlich sichtbar ist, dass Sie keine Stellung beziehen.

Die Liste kann verändert werden. Sie kann durch Statements ergänzt werden, die sich auf die spezielle Gruppensituation beziehen und bestimmte Vorkommnisse in der Gruppe thematisieren. Die Übung kann auch – gegebenenfalls mit anderen Statements – getrennt in Mädchen- und Jungengruppen gemacht werden. Anschliessend können die Jugendlichen ihre Ansichten schriftlich auf dem Arbeitsblatt festhalten.

Von Tätern und Opfern

Diese Übung ermöglicht Jugendlichen, das eigene Gewaltverhalten zu reflektieren und öffentlich zu machen, ohne sich rechtfertigen zu müssen oder Angst vor Sanktionen zu haben. Die Jugendlichen erleben, dass sie mit ihrem Verhalten und mit ihren Erfahrungen nicht alleine sind.

Mit der Übung werden unterschiedliche Formen von Gewalt thematisiert und Jugendliche sowohl in ihrer Opfer- als auch in ihrer Täterrolle angesprochen. Diese Übung eignet sich auch dazu, geschlechtsspezifische Aspekte zu verdeutli-

Arbeitsblatt 4: Ist das Gewalt für dich?

Mach dein Kreuz!

> Ein Junge schlägt einem anderen Jungen, der ihn bedroht, ins Gesicht.
> ☐ ja ☐ nein

> Ein Schüler stört den Unterricht.
> ☐ ja ☐ nein

> Ein Mädchen will auf eine Party, aber die Eltern verbieten es ihr.
> ☐ ja ☐ nein

> Eine Clique bedroht einen Mitschüler und verlangt Geld von ihm.
> ☐ ja ☐ nein

> Ein Lehrer erklärt einem Schüler: Du gehörst nicht hierher.
> ☐ ja ☐ nein

> Eine Schülerin wird wegen ihrer Kleidung ausgelacht.
> ☐ ja ☐ nein

> Ein Mädchen bekommt Stubenarrest, weil es sich mit einem Jungen treffen will.
> ☐ ja ☐ nein

> Ein Vater gibt seinem Sohn eine Ohrfeige.
> ☐ ja ☐ nein

> Ein Schüler sagt zu einem anderen „Du Hurensohn".
> ☐ ja ☐ nein

> Ein Junge fasst ein Mädchen an, obwohl es das nicht will.
> ☐ ja ☐ nein

> Ein Mädchen lacht einen Jungen aus: „Du Schwächling".
> ☐ ja ☐ nein

> Ein ausländischer Mitschüler wird gehänselt und ausgeschlossen.
> ☐ ja ☐ nein

> Neben einem ausländischen Schüler will keiner sitzen.
> ☐ ja ☐ nein

> Ein Vater droht seiner Tochter Schläge an, damit sie gehorcht.
> ☐ ja ☐ nein

> Ein Junge kämpft mit einem anderen aus, wer stärker ist.
> ☐ ja ☐ nein

> Die Gruppe verwendet ständig Ausdrücke wie „Spasti", „Assi" oder „Tussi".
> ☐ ja ☐ nein

> Eine Clique fotografiert einen Mitschüler während einer Schlägerei.
> ☐ ja ☐ nein

> Ein Mitschüler zwingt andere, Gewaltbilder auf seinem Handy anzuschauen.
> ☐ ja ☐ nein

> Ein Bruder schlägt seine Schwester, weil die ihm nicht gehorchen will.
> ☐ ja ☐ nein

chen. Oft ist dem einen Geschlecht gar nicht bewusst, was das andere als Gewalt empfindet oder welche Erfahrungen es mit Gewalt macht. Die Übung kann dazu beitragen, dass sich die Jugendlichen ernsthaft auf das Thema Gewalt einlassen. Sie können dazu die Statements auf der folgenden Liste vorlesen.

Von der Anmache bis zum Überfall
Bitte stehe schweigend auf, …

… wenn du schon einmal ein unangenehmes Gefühl hattest, weil jemand zu nah bei dir stand.

… wenn du dich schon mal von anderen Jugendlichen bedroht gefühlt hast.

… wenn du schon mal von einer Lehrkraft vor der Klasse gedemütigt worden bist.

… wenn du schon mal angegriffen worden bist und Freundinnen und Freunde dich im Stich gelassen haben.

… wenn du schon einmal geohrfeigt worden bist.

… wenn du schon mal so mit Worten provoziert worden bist, dass du zugeschlagen hast.

… wenn du schon mal andere bewusst fertiggemacht hast.

… wenn du schon mal zusammengeschlagen worden bist.

… wenn du schon mal erpresst worden bist.

… wenn du schon mal mitgemacht hast, in der Gruppe einen anderen fertigzumachen.

… wenn du schon mal zugeschlagen hast, weil deine Gruppe das von dir erwartet hat.

… wenn du schon mal jemanden körperlich verletzt hast.

… wenn du schon mal in der Familie geschlagen worden bist.

… wenn du schon mal als Schlampe oder Nutte bezeichnet worden bist.

… wenn du schon mal als Hurensohn oder Schwuchtel bezeichnet worden bist.

… wenn du schon mal jemanden erpresst hast.

… wenn du schon mal jemanden gemobbt hast.

… wenn du schon mal zur Verteidigung eine Waffe bei dir hattest.

… wenn du schon mal andere angestiftet hast, jemanden zu quälen.

… wenn du schon mal auf dem Schulweg überfallen worden bist.

Bitten Sie die Jugendlichen, schweigend aufzustehen, wenn das Statement auf sie zutrifft. Die Statements sollten der Gruppensituation angepasst sein. Dementsprechend sollte die Liste durchgesehen, ergänzt und verändert werden. Es kann sinnvoll sein, die Übung zuerst getrennt in Mädchen- und Jungengruppen zu machen.

Kann man zukünftige Gewalttäter erkennen?

Die dramatischen Anschläge auf Schulen durch einzelne Schüler oder Schülerinnen, Tötungsversuche oder Tötungen, Amokläufe und Geiselnahmen haben Sorge um die Sicherheit an Schulen ausgelöst und ungeklärte Fragen zurückgelassen:

> Hätte bekannt sein können, dass diese Anschläge geplant wurden?
> Hätten die Anschläge verhindert werden können?
> Gibt es Frühwarnzeichen, deren Beachtung weitere Gewalttaten verhindern kann?

In den USA wurden die Gewalttaten an Schulen zwischen den Jahren 1974 und 2000 bereits genau analysiert. Die Ergebnisse dieser Analyse haben zur Formulierung von „Handreichungen zur Einschätzung bedrohlicher Situationen in Schulen" geführt. Danach sind die zehn wichtigsten Erkenntnisse über die Person des Täters oder der Täter:

1. Vorfälle gezielter Gewalttaten an Schulen sind selten impulsive Handlungen.
2. Bei den meisten Vorfällen wussten andere Personen vor dem Anschlag von der Idee und dem Plan des Täters.
3. Unmittelbar vor der Tat haben die meisten Täter ihre Opfer nicht bedroht.
4. Es gibt kein genaues Profil von Schülern, die Gewalttaten begehen.
5. Die meisten Täter zeigten vor der Tat auffälliges Verhalten, das besorgniserregend war oder ein Bedürfnis nach Unterstützung anzeigte.
6. Die meisten Täter haben Schwierigkeiten, mit bedeutsamen Verlust- oder Versagenssituationen fertig zu werden. Viele hatten Selbstmordgedanken geäußert oder versucht, Selbstmord zu begehen.
7. Viele Täter fühlten sich vor der Tat von anderen Personen gemobbt, verfolgt oder beleidigt.
8. Die meisten Täter hatten vor der Tat Zugang zu Waffen und hatten Waffen vor der Tat benutzt.
9. In vielen Fällen waren andere Schüler in irgendeiner Form beteiligt.
10. Obwohl die Polizei regelmäßig schnell informiert wurde und sofort reagierte, sind die meisten Vorfälle nicht durch die Polizei beendet worden.

Nach: Fein, Robert A. u. a.: Handreichung zur Einschätzung bedrohlicher Situationen in Schulen, United States Secret Service, United States Department of Education, Washington D. C. Mai 2002, in deutscher Übersetzung heruntergeladen unter www.schulpsychologie.de/start/lehrer.htm

Diese Aufzählung macht deutlich, dass es hundertprozentige Sicherheit nicht geben kann. Sie gibt aber wichtige Anregungen für die eigene präventive Praxis. Sie zeigt, wie bedeutsam es ist, ein Klima der gegenseitigen Achtung und Achtsamkeit zu schaffen, in dem Probleme angenommen und bearbeitet werden, bevor sie schwierig werden. Schülerinnen und Schüler müssen sich mit ihren Ängsten und Schwierigkeiten Lehrkräften anvertrauen können. Lehrerinnen und Lehrer müssen ihre Aufmerksamkeit nicht nur auf Schüler und Schülerinnen richten, die gewaltbereites Verhalten offen zeigen, sondern besonders auch auf die, die eher unauffällig sind, die sich zurückziehen, die sich ausschließen und ausgeschlossen werden.

Das Phänomen, dass Täterinnen oder Täter ihre zielgerichteten Gewalttaten an Schulen im Vorfeld direkt zum Beispiel in Briefen oder Zeichnungen, oder indirekt, durch Interesse an Waffen, angekündigt haben, wird als Leaking bezeichnet. Es beschäftigt die Wissenschaft auch in Deutschland. In Berlin wird seit Mai 2006 unter der Federführung von Herbert Scheithauer im Arbeitsbereich Entwicklungswissenschaft und Angewandte Entwicklungspsychologie der Freien Universität und in Zusammenarbeit mit der Polizei Berlin, der Senatsverwaltung für Bildung, Jugend und Sport sowie weiteren Kooperationspartnern (Universität Bremen, Polizei Bremen) ein Kommunikationssystem erarbeitet. Damit soll Schulen ermöglicht werden, kritische Vorfälle und akute Bedrohungslagen zu erkennen, davon zu berichten und schließlich schnell, effizient und interdisziplinär präventiv zu handeln. Zu diesem Zweck soll in den kommenden Jahren auch eine Kriterien-Checkliste erarbeitet und evaluiert werden, anhand derer speziell dafür geschulte Fachkräfte Gefährdungsanalysen vornehmen können.

KAPITEL 6

Zwischen den Zeilen
Sozialkompetenz fördern

Der zentrale Ansatzpunkt präventiver Arbeit ist die nachhaltige Förderung sozialer Qualifikationen und sozialer Handlungsfähigkeit. Damit Jugendliche nicht anfällig werden für Gewalt und intolerante Einstellungen, müssen sie Ich-Stärke und Empathie entwickeln. Denn besonders gewaltgefährdet sind die Jugendlichen, deren Bedürfnisse nach Anerkennung und Zugehörigkeit nicht befriedigt worden sind.

Soziale Kompetenz kann nicht gelehrt, sondern muss erfahren werden. Zum Erreichen sozialer Ziele müssen Jugendliche die Möglichkeit bekommen, eigenständig zu handeln und sozial zu interagieren. Schule und Freizeiteinrichtungen sollten mit abwechslungsreichem Unterricht und interessant gestalteten Kurskonzepten die Eigeninitiative der Jugendlichen fördern und ihnen Erfolgserlebnisse bieten. Sie können so im Alltag erfahren, welches Verhalten zu einem friedlichen Zusammenleben und einem erfolgreichen Lernen notwendig ist und wie sie es realisieren können. Soziales Verhalten hängt nicht zuletzt vom Vorbildverhalten der Lehrerinnen und Lehrer sowie der Kursleiterinnen und -leiter ab. Alles, was Jugendlichen vermittelt werden soll, müssen Sie selbst vorleben.

Die Zutaten für soziales Verhalten

Rollenspiele und Interaktionsübungen werden gezielt als Maßnahmen zur Initiierung sozialen Verhaltens eingesetzt. Dabei können assoziative Zugänge durch Bilder, Texte, Karikaturen, Musik hilfreich sein. Diese Methoden bieten Jugendlichen die Möglichkeit, vielfältige Erfahrungen mit sich und anderen zu machen. Sie können ihre Gefühle und Bedürfnisse offen mit in die Spielsituation einbringen, aktiv und selbstbestimmt handeln und die Konsequenzen ihres Handelns angstfrei erfahren. Es gibt dabei kein Richtig oder Falsch, kein Gut oder Schlecht. Es wird weder moralisiert, noch gibt es Sanktionen. Dadurch wird es den Jugendlichen erleichtert, festgefahrene Verhaltensmuster zu überwinden und Fähigkeiten zu üben, die für soziales Verhalten notwendig sind.

Die folgenden methodischen Vorschläge zum Einüben der sozialen Grundfertigkeiten sind für einen konstruktiven Umgang mit Gewalt unabdingbar:

A) Sich selbst und andere kennenlernen und achten
B) Miteinander kommunizieren
C) Sich in andere einfühlen
D) Stellung nehmen und sich selbst behaupten
E) Als Gruppe zusammenarbeiten

Rollenspiele und Interaktionsübungen können helfen, soziale Lerndefizite auszugleichen und korrigierende soziale und emotionale Erfahrungen zu vermitteln. Sie sind aber kein Allheilmittel. Sie müssen immer auf die Situation und Bedürfnisse der Lerngruppe zugeschnitten werden. Die Übungen weiter unten zeigen unterschiedliche Spielregeln und Übungsformen an konkreten inhaltlichen Beispielen. Die Regeln und Formen können modifiziert und ergänzt werden.

Sie können mit unterschiedlichen Inhalten gefüllt werden, am besten aus dem Alltag der Jugendlichen. Beim Einsatz der Übungen müssen Sie die Situation der Gruppe und einzelner Jugendlicher sensibel berücksichtigen. Einige Übungen setzen ein gewisses Vertrauensverhältnis in der Gruppe voraus. Nach jeder Übung sollte eine Auswertung stattfinden. Zu empfehlen ist, dass Sie die Übungen zunächst mit Kolleginnen und Kollegen praktisch durchspielen und in der Gruppe nur die Übungen einsetzen, die Sie gut anleiten können.

Vor dem Einsatz der Übungen müssen bestimmte Verhaltensregeln geklärt werden:
> Niemand wird ausgelacht oder beleidigt.
> Niemand wird gezwungen, eine bestimmte Rolle zu übernehmen.
> Niemand muss etwas von sich preisgeben, was er nicht will.
> Wer nicht mitmachen will, guckt zu und stört nicht.
> Während der Übungen herrscht Arbeitsruhe.
> Werden die Regeln nicht eingehalten, wird die Übung nach zweimaliger Ermahnung abgebrochen.

A) Achtung vor anderen

Jugendliche mit unangemessenem Sozialverhalten haben oft ein negatives Selbstbild. Störendes bis hin zu gewalttätigem Verhalten ist häufig ein Versuch, sich selbst zu spüren und Aufmerksamkeit zu erlangen. Wer andere achten soll, muss sich selbst auch achten. Mit diesen Übungen kann Jugendlichen ein positives Selbstbild vermittelt werden.

Auf dem heißen Stuhl
Der „heiße Stuhl" ist eine bekannte Übung, die dennoch von Jugendlichen immer wieder gern angenommen wird. Die Gruppe sitzt im Kreis. Ein Mädchen oder Junge setzt sich mit seinem Stuhl in die Kreismitte und bewegt sich damit im Kreis von einem zum anderen. Jedes Gruppenmitglied, vor dem sie oder er mit dem Stuhl anhält, muss ihr oder ihm etwas Positives sagen, etwas, was es an ihr oder ihm gut findet. Wer auf dem heißen Stuhl sitzt, darf sich dazu selbst nicht äußern, nichts entgegnen, nichts richtigstellen, nichts nachfragen, sondern muss die positiven Bemerkungen schweigend über sich ergehen lassen.

Nach Abschluss der Übung sollten im Plenum folgende Fragen besprochen werden: Wie schwierig ist es, nur Positives über sich zu hören und Positives von anderen anzunehmen, die man bisher eigentlich eher für unfreundlich und unsympathisch gehalten hat? Wie schwierig ist es, einer oder einem anderen etwas Nettes sagen zu müssen, auch wenn man sie oder ihn eigentlich gar nicht so gut leiden kann und bisher eher schlecht behandelt hat?

Ab in die Ecke

Alle Jugendlichen stehen in der Mitte des Raumes. Sie nennen ein Kriterium zur Gruppenbildung, zum Beispiel eine Lieblingssportart: Wer spielt am liebsten Fußball? Wer fährt am liebsten Rad? Wer reitet am liebsten? Wer macht keinen Sport?

Jeder Sportart wird eine Ecke zugeordnet. Alle Jugendlichen laufen in die für sie zutreffende Ecke und unterhalten sich dort kurz miteinander über ihre sportliche Vorliebe. Danach kommen sie wieder in die Mitte, und es wird ein neues Kriterium genannt, dem sie sich dann wieder zuordnen. Bei der Auswahl der Kriterien muss darauf geachtet werden, dass niemand diskriminiert wird und sich alle zuordnen können. Mit entsprechenden Kriterien und Fragen kann die Methode auch dazu genutzt werden, Meinungen zu erfassen und zu diskutieren, zum Beispiel:
> „Ich lehne Gewalt prinzipiell ab."
> „Gewalt kann schon mal passieren."
> „Gewalt ist erlaubt, wenn der andere angefangen hat."
> „Für eine gute Sache ist Gewalt immer erlaubt."

In Anschluss an die Übung sollten im Plenum Fragen diskutiert werden, wie:
> „Was habt ihr Neues voneinander erfahren?"
> „Seid ihr neugierig geworden, mehr über andere zu erfahren und sie besser kennenzulernen?"
> „Wollt ihr lieber keinen Kontakt mehr zu den anderen und wenn nein, warum nicht?"

Unterschiede und Gemeinsamkeiten

Die Klasse oder Lerngruppe wird in Gruppen mit drei bis fünf Mitgliedern aufgeteilt. Jede Gruppe erhält das Arbeitsblatt „Unterschiede und Gemeinsamkeiten". Zuerst teilt jede Kleingruppe den Außenkreis in so viele Segmente, wie die Gruppe Mitglieder hat. Jedes Segment wird mit einem der Namen gekennzeichnet. Im Gespräch findet die Kleingruppe dann ihre Gemeinsamkeiten heraus (zum Beispiel: „alle haben braune Haare", „alle spielen Fußball", aber auch bedeutsamere Gemeinsamkeiten wie „alle sind mit einem Ausländer befreundet", „alle haben

Arbeitsblatt 5: Unterschiede und Gemeinsamkeiten

Teilt den Außenkreis in so viele Segmente, wie eure Gruppe Mitglieder hat.
Schreibt eure Namen in eines der Segmente.

Versucht nun zuerst herauszufinden, welche Gemeinsamkeiten eure Gruppe hat und
schreibt sie in den Innenkreis.

Schreibt dann in „euer" Segment des Außenkreises Aspekte, die nur euch alleine
betreffen, bei denen ihr „einzigartig" seid.

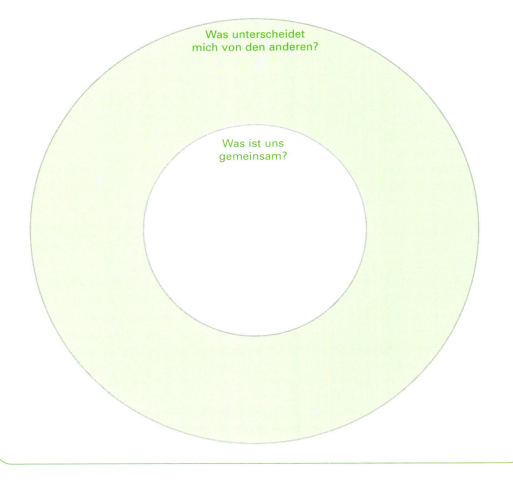

Was unterscheidet
mich von den anderen?

Was ist uns
gemeinsam?

ein Familienmitglied, das arbeitslos ist") und trägt sie in den Innenkreis ein. Danach werden die einzigartigen Merkmale jedes Gruppenmitglieds in sein persönliches Segment eingetragen.

Die Ergebnisse aller Gruppen werden im Plenum veröffentlicht und diskutiert. Gibt es Gemeinsamkeiten, die alle in der Gruppe betreffen? War es schwer, Gemeinsamkeiten zu entdecken? Gab es Überraschungen? Was war schwerer, Gemeinsamkeiten oder Besonderheiten zu entdecken? Wenn die Gruppenmitglieder nicht gebeten wurden, ihre jeweiligen Segmente namentlich zu kennzeichnen, kann im Plenum anschließend geraten werden, um wen es sich handelt.

B) Richtig reden

Viele Konflikte und gewalttätige Auseinandersetzungen entstehen oder werden aufrechterhalten und verstärkt durch missverständliche Kommunikation. Jugendliche müssen lernen, das eigene verbale und nonverbale Kommunikationsverhalten und das der anderen bewusst wahrzunehmen und sich um gegenseitige Verständigung zu bemühen.

Ich-Botschaften

Die Wahl der richtigen Worte kann dazu beitragen, dass Konflikte entschärft werden. Wer anderen etwas klarmachen oder etwas von sich mitteilen möchte, sollte keine Du-Botschaften, sondern Ich-Botschaften senden. Du-Botschaften sind Mitteilungen, die mit „du" anfangen und mit denen das, was man eigentlich mitteilen will, im Allgemeinen nur verschlüsselt ausgedrückt wird. Du-Botschaften sind nicht selten kränkend oder lösen unmittelbar Widerspruch aus. Dagegen ist es mit Ich-Botschaften möglich, das eigene Anliegen und die eigenen Gefühle zu vermitteln, ohne andere anzugreifen oder zu verletzen. Zum Beispiel: „Du Blödmann!" soll vielleicht bedeuten „Ich habe eine Stinkwut auf dich.".„Du hörst mir nie zu!" bedeutet vermutlich „Ich fühle mich von dir nicht ernst genommen." Umgangssprachlich verwenden wir im Allgemeinen wesentlich mehr Du- als Ich-Botschaften. Daraus entstehen viele Missverständnisse bis hin zu ernsthaften Auseinandersetzungen. Es ist deshalb wichtig, das Formulieren von Ich-Botschaften bewusst zu üben. Zur Übung kann das Arbeitsblatt „Ich-Botschaften senden" genutzt werden. Die Ergebnisse werden anschließend im Plenum besprochen. Was war am schwersten beim Formulieren einer Ich-Botschaft? Wie können Ich-Botschaften helfen, Argumente zu liefern, um Konflikte zu lösen?

Arbeitsblatt 6: Ich-Botschaften senden

Du-Botschaften klagen andere oft an. Ich-Botschaften sagen, wie du dich fühlst.
Verwandle Du-Botschaften in Ich-Botschaften. Zum Beispiel:
Du-Botschaft: „Du spinnst doch." **Ich-Botschaft: „Ich glaube nicht, dass das so geht."**

„Du bist gemein."

„Pass doch auf, wo du hintrittst."

„Hast du etwa in meinen Sachen rumgewühlt?"

„Was guckst du?"

„Hau ab, du Schlampe."

Schreib auf, wie du in folgenden Fällen mit einer Ich-Botschaft reagieren kannst.
Das ist passiert:

Ein Freund beleidigt deine Familie.

Eine Mitschülerin verpetzt dich beim Lehrer.

Eine Gruppenleiterin schreit dich an.

Eine Freundin lacht dich aus.

Ein Junge hat dein Handy kaputt gemacht.

Mitschüler lassen dich auf dem Schulhof nicht in Ruhe.

Ein Erwachsener verdächtigt dich zu Unrecht.

C) Ganz genau hingucken

Unsere Wahrnehmung zeigt uns nie die „ganze Wahrheit", sie ist nie richtig oder falsch, sondern wählt aus den Geschehnissen aus. Um das erfahrbar zu machen, bitten Sie zwei Jugendliche, die nicht zur Gruppe gehören, oder zwei Schüler aus einer anderen Klasse, während ihres Unterrichts mit einem abgesprochenen Anliegen, das angeblich nicht warten kann, in den Raum zu kommen. Zum Beispiel: Die beiden berichten darüber, dass ein Junge von einem anderen verletzt worden sei, und bitten um Mithilfe bei der Aufklärung.

Nachdem beide den Raum wieder verlassen haben und einige Jugendliche Vermutungen über die vermeintliche Schlägerei geäußert haben, sprechen Sie über die Ungenauigkeit von Zeugenaussagen. Um diese zu veranschaulichen, lassen Sie ihre Gruppe den Auftritt der beiden Jugendlichen, also das Ereignis, das alle gemeinsam erlebt haben, genau beschreiben: Wie sahen die beiden aus? Was hatten sie an? Was wollten sie? Was genau haben sie gesagt? Wer hat gesprochen? Wer hat zuerst den Raum verlassen?

Konnten alle Gruppenmitglieder das Äußere der beiden genau beschreiben? Haben alle Schülerinnen und Schüler das Gleiche gesehen und gehört? Welche Gründe könnte es für unterschiedliche Wahrnehmungen geben?

Im Anschluss können genaues Beobachten und genaue Zeugenaussagen geübt werden. Dazu werden von einigen aus der Gruppe kurze Szenen vorgespielt, die restlichen bekommen genaue Beobachtungsaufgaben.

Mit vier Ohren hören
Oft schreien Opfer einer Gewalttat nicht laut um Hilfe. Viele Äußerungen enthalten stattdessen versteckte Botschaften. Um sie zu hören, braucht man vier Ohren.

Jede Nachricht enthält vier unterschiedliche Aspekte:
> den Sachinhalt
> die Selbstdarstellung des Senders
> die Beziehung des Senders zum Empfänger
> einen Appell an den Empfänger

Zum Beispiel: Kollege A sagt zu Kollegin B: „Michael hat Paul schon wieder ein Bein gestellt."

Sachinhalt: Michael hat Paul erneut ein Bein gestellt.

Kollege A teilt Kollegin B, die in der gleichen Klasse unterrichtet, zu ihrer Information mit, dass der Schüler Michael dem anderen Schüler Paul zum wiederholten Male ein Bein gestellt hat.

Selbstdarstellung: Ich weiß nicht mehr, was ich machen soll.

In (fast) jeder Nachricht offenbart der Sender auch etwas über sich selbst. Kollege A teilt Kollegin B vielleicht mit, dass er mit Michael nicht fertig wird.

Beziehung: Wir müssen uns noch mal über unsere Maßnahmen gegenüber Michael unterhalten.

Aus einer Nachricht lässt sich auch ableiten, was der Sender vom Empfänger hält, wie er zu ihm steht. Kollege A könnte Kollegin B mitteilen wollen: Du mit deinem demokratischen Erziehungsstil, das haben wir nun davon. So verstanden würde diese Nachricht einen Konflikt zwischen den beiden Lehrenden über den richtigen Erziehungsstil zum Ausdruck bringen.

Appell: Rede du doch mal mit Michael.

Nahezu alle Nachrichten wollen auch irgendwie auf den Empfänger Einfluss nehmen. In diesem Beispiel könnte der Appell von Kollege A an Kollegin B lauten: Tu du doch mal was, damit Michael das lässt.

Bisher wurden die vier Seiten einer Nachricht aus dem Blickwinkel des Senders betrachtet. Doch auch der Empfänger kann sich aussuchen, auf welchen Aspekt der Nachricht des Senders er antworten will. Diese Wahlmöglichkeit führt dann zu Störungen, wenn Sender und Empfänger unterschiedliche Aspekte bedienen, oder wenn der Empfänger ständig eine einseitige Auswahl vornimmt, etwa immer nur den Sachinhalt wahrnimmt und nur darauf reagiert oder aber der Sender zwar einen Appell vermitteln möchte, aber stets nur den Sachinhalt formuliert.

Üben Sie mit Ihrer Lerngruppe das Hören mit vier Ohren mit unterschiedlichen Äußerungen, zum Beispiel:

> „Mit der will ich nicht in eine Gruppe.“
> „Der guckt mich immer so blöd an.“
> „Ich kann das doch sowieso nicht.“

Mit anderen Augen sehen

Sich selbst und andere besser kennenzulernen, sich in die Perspektive anderer hineinversetzen und sich in andere einfühlen zu können ist nötig, um Verständnis füreinander zu entwickeln und Sicherheit in sozialen Situationen aufzubauen.

In der folgenden Übung werden die Jugendlichen aufgefordert, zunächst über sich selbst nachzudenken, indem sie sich in unterschiedliche Gegenstände, Pflanzen oder Tiere verwandeln. Etwa eine Viertelstunde haben sie Zeit, das Arbeitsblatt „Verwandlungen" auf der folgenden Seite auszufüllen.

Danach werden die ausgefüllten Formulare ausgehängt, und andere müssen herausfinden, von wem sie stammen. Gelingt das? Wenn ja, wodurch? Wer war leicht zu erkennen? Wer war schwer oder gar nicht zu erkennen? Warum? Wie hätten die Jugendlichen den Bogen für andere aus der Gruppe ausgefüllt?

Auch folgende Variation ist möglich: Jedes Gruppenmitglied füllt das Arbeitsblatt für ein anderes aus, dessen Namen es zuvor per Zufall gezogen hat. Anschließend überlegt die Gruppe gemeinsam, wer gemeint ist. Fühlt sich das betreffende Gruppenmitglied selbst auch zutreffend beschrieben?

Im Interview

In der Gruppe werden Zufallspaare gebildet. Die Paare haben die Aufgabe, sich gegenseitig zu bestimmten Fragestellungen zu interviewen. Die Fragestellungen werden nach Zusammensetzung der Gruppe und dem Ziel, das mit der Übung verfolgt werden soll, ausgesucht. Die Übung kann sowohl zum Kennenlernen in einer neu zusammengestellten Gruppe eingesetzt werden als auch im Verlauf der Gruppenarbeit zu bestimmten inhaltlichen Fragestellungen. Eher äußerliche Fragestellungen zum Kennenlernen sind zum Beispiel:

> Wie viele Geschwister hast du?
> Was ist dein Lieblingsfach?

Inhaltliche Fragestellungen können zum Beispiel sein:

> Sollten Handys in der Schule verboten werden?
> Muss man Geheimnisse immer für sich behalten?

Die Zeit für die Interviews sollte auf wenige Minuten begrenzt sein. Haben die Paare ihre Interviews beendet, stellen sie deren Ergebnisse gegenseitig dem Plenum vor. Jeder und jede Jugendliche kann so vor der Gruppe sprechen, ohne Sorge

Arbeitsblatt 7: Verwandlungen

Wenn ich eine Pflanze wäre, wäre ich am liebsten:

Wenn ich ein Tier wäre, wäre ich am liebsten:

Wenn ich eine Farbe wäre, wäre ich am liebsten:

Wenn ich eine Sportart wäre, wäre ich am liebsten:

Wenn ich ein Fahrzeug wäre, wäre ich am liebsten:

Wenn ich ein Musikinstrument wäre, wäre ich am liebsten:

Wenn ich ein Gebäude wäre, wäre ich am liebsten:

haben zu müssen, etwas von sich preiszugeben, was er oder sie nicht möchte. Die Feststellung von Gemeinsamkeiten kann dazu beitragen, Vorurteile zu vermeiden. Die Feststellung von Unterschieden sollte zum Ausgangspunkt für die weitere Arbeit genutzt werden. Danach werden die ausgefüllten Formulare ausgehängt, und andere müssen herausfinden, von wem sie stammen.

D) Gegen den Strom schwimmen

Um Stellung beziehen zu können, zum Beispiel gegen weitverbreitete Vorurteile, brauchen Jugendliche ein gewisses Maß an Selbstsicherheit. Mit der folgenden Übung können Jugendliche ihren Stärken auf die Spur kommen. Sie erhalten dazu folgende Anleitung:

„Bei dieser Übung geht es darum, dass ihr euch eure eigenen Fähigkeiten bewusst macht. Ihr sollt überlegen, was ihr gut könnt und was andere an euch schätzen. Und ihr sollt dazu stehen. Deshalb sollt ihr eure positiven Fähigkeiten aufschreiben. Ihr könnt vielleicht gut rechtschreiben, auch schwierige Aufgaben zu Ende bringen, nicht aufgeben oder mit Tieren gut umgehen. Das heißt nicht, dass ihr mit euren Fähigkeiten angeben sollt, ihr sollt einfach nur eine Bestandsaufnahme machen. Also schreibt bitte auf ein Blatt Papier mindestens fünf Fähigkeiten, was euch an euch selbst gefällt und was euch an anderen gefällt."

Die Übung kann ergänzt werden, indem andere die positiven Fähigkeiten beurteilen. Jedem Gruppenmitglied wird mit Klebestreifen ein Plakat mit folgender Beschriftung auf dem Rücken befestigt:

Ich bin ...
Ich kann ...
Ich habe ...

Nun bewegen sich alle frei im Raum und ergänzen gegenseitig die Satzanfänge. Es dürfen nur positive Beurteilungen aufgeschrieben werden, und sie müssen der Wahrheit entsprechen. Wenn bei allen Jugendlichen alle drei Sätze vollendet worden sind, werden die Plakate abgenommen und diskutiert: Entspricht die Fremdeinschätzung der Selbsteinschätzung? Hat es Überraschungen gegeben?

Ansichten äußern

Stellung nehmen ist häufig mit vielen Wortmeldungen und langen Diskussionen verbunden, bei denen zurückhaltende und nicht so eloquente Jugendliche selten zu Wort kommen und schnell darauf verzichten, ihre Meinung zu äußern und Stellung zu beziehen.

Mit folgender Methode können alle schnell und ohne viele Worte Stellung nehmen: Im Raum wird eine Linie auf den Boden gezeichnet. Die Jugendlichen nehmen zu einer Fragestellung oder einem Argument ganz konkret mit ihrer Nähe oder ihrem Abstand zur „Meinungslinie" Stellung. Argumente oder Fragestellungen können zum Beispiel sein: Frauen und Männer sind in gleicher Weise dafür geeignet, Kinder zu erziehen. Nehmen Ausländer den Deutschen die Arbeit weg?

Diese Übung kann auch schriftlich gemacht werden. Die Jugendlichen erhalten ein liniertes oder kariertes Papier mit einer Meinungslinie und tragen ihren Standpunkt dort ein. Auf diese Weise können Meinungen festgehalten und später in die Gruppenarbeit einbezogen werden.

„Nein und nochmals nein!"

Wer sich selbst behaupten will, muss „nein" sagen lernen zu allem, was er nicht tun möchte. Er muss anderen klar und unmissverständlich mitteilen, dass er etwas nicht will.

Die Gruppe sitzt im Stuhlkreis. Nacheinander wenden sich die Gruppenmitglieder ihrer Nachbarin oder ihrem Nachbarn zur Linken zu und sagen kurz und knapp, aber klar und deutlich etwas Ablehnendes, zum Beispiel:
> „Ich will nicht."
> „Hau bloß ab."
> „Lass mich in Ruhe."
> „Verschwinde."
> „Verpiss dich."
> „Es reicht mir."

Die Lerngruppe sollte möglichst viele verschiedene Formulierungen finden, ohne zunächst darauf zu achten, ob man das sagen kann oder nicht. Die ablehnenden Äußerungen sollten auch mit dem passenden Tonfall und passender Mimik und Gestik unterstrichen werden. Nachdem die Runde beendet ist, wird gemeinsam besprochen: War es schwer, eine Ablehnung kurz und knapp zu formulieren?

Welche Äußerungen könnte man in einer tatsächlichen Situation verwenden, welche besser nicht und warum?

Anschließend können die Ablehnungen im Rollenspiel ausprobiert und eingeübt werden, zum Beispiel:

> „Ein Freund will dich überreden, mit ihm zu kommen, obwohl du nach Hause musst."
> „Eine Freundin will, dass du nicht mehr mit einer Mitschülerin sprichst."
> „Ein Mitschüler verlangt Geld von dir."

Es sollten Situationen aus dem Alltag der Jugendlichen nachgespielt werden. Diese werden gebeten, Situationen zu benennen, bei denen es ihnen besonders schwer fällt, etwas abzulehnen.

E) An einem Strang ziehen

Klassen, Schulen oder Jugendzentren sind in der Regel zufällig zusammengesetzte Ansammlungen von Menschen. Zu Gruppen müssen sie erst werden. Jugendliche sollen lernen, die Vorteile und Nachteile von Gruppen zu erkennen und Verhaltensweisen einzuüben, die ein friedliches und effektives Lernen für alle in ihrer Lerngruppe ermöglichen.

Die Festung stürmen
Alle Jugendlichen – bis auf zwei – bilden die „Festung", das heißt sie bilden einen Kreis. Sie denken sich ein Wort oder eine Berührung aus, die die beiden aussprechen oder ausführen müssen, um in die Festung eingelassen zu werden. Codewörter oder -berührungen dürfen nicht zu schwierig sein, sondern müssen auch erraten werden können. Nun beginnen die beiden Ausgeschlossenen mit der Eroberung der Festung. Sie probieren so lange Worte und Berührungen aus, bis sie eingelassen werden. Danach versuchen zwei andere Jugendliche, die Festung zu erobern.

Nach jeder Runde oder im Anschluss an das Spiel werden folgende Fragen besprochen: „Wie geht es euch, ...
… wenn ihr neu in eine Gruppe wollt?"
… wenn ein Neuer oder eine Neue in eure Gruppe möchten?"
… wenn ihr den Code nicht findet?"
… wenn ihr die Aufnahme in eure Gruppe für Neue zu schwer gemacht habt?"
… wenn jemand aufgibt?"

Die Erstürmung der Festung kann auch ohne Code, nur durch körperlichen Einsatz, wie Drücken oder Schieben, erlaubt werden. Besonders Jungengruppen bevorzugen diese körperbetonte Variante.

Im Abseits

Einigen Jugendlichen wird ein farbiger Schal umgehängt. Sie bekommen den Auftrag, mit dem Rest der Gruppe Kontakt aufzunehmen. Die anderen Gruppenmitglieder haben allerdings die Anweisung bekommen, die Jugendlichen mit Schal auszuschließen, nicht anzusprechen und sich nicht ansprechen zu lassen sowie sie nicht zur Kenntnis zu nehmen. Die Schals sollten untereinander gewechselt werden, damit alle Jugendlichen einmal in die Außenseiterrolle kommen. Das Auswertungsgespräch kann ähnlich verlaufen, wie bei der vorangegangenen Übung vorgeschlagen.

Ausgemustert

Lassen Sie die Jugendlichen nach bestimmten Kriterien Kleingruppen bilden und nach vorne treten, zum Beispiel alle, die blaue Jeans anhaben, alle, die die Uhr am rechten Handgelenk tragen, alle, die einen Pferdeschwanz haben. Der Rest der Gruppe schaut sich die Kleingruppe an und sucht nun nach irgendwelchen negativen – aber nicht beleidigenden – Merkmalen, die die Gruppenmitglieder gemeinsam haben. Diese Merkmale können mit der Gemeinsamkeit, nach der die Kleingruppe gebildet wurde, etwas zu tun haben, sie müssen es aber nicht, zum Beispiel: Keiner von ihnen steht gerade. Oder: Alle sind ungekämmt. Die Kleingruppen sollten möglichst oft gewechselt werden, sodass alle mal in die Rolle der Diskriminierten schlüpfen müssen. Wie fühlt man sich, wenn man ganz unerwartet diskriminiert wird?

Schwierige Entscheidung

Entscheidungen zu finden ist eine wichtige Aufgabe jeder Gruppe. In der Schule wird im Allgemeinen offen abgestimmt. Die Mehrheitsentscheidung wird angenommen. Es gibt aber noch weitere Möglichkeiten der Entscheidungsfindung, die Jugendliche kennenlernen und ausprobieren sollten. So kann schon eine geheime Abstimmung zu anderen Ergebnissen führen als eine offene Abstimmung, und ob eine Mehrheitsentscheidung eine gute Entscheidung ist, wird selten thematisiert.

Eine weitere Möglichkeit zur Entscheidungsfindung ist zum Beispiel die folgende: Die Gruppe teilt sich in Paare. Diese suchen zu einer einfachen Aufgabe eine Entscheidung, zum Beispiel suchen sie einen Termin für eine Party im Jugendzentrum. Nun schließen sie sich mit einem anderen Paar zu einer Vierergruppe zusammen und wiederholen den Entscheidungsprozess. Die Vierergruppen schließen sich zu Achtergruppen zusammen und so weiter, bis die ganze Gruppe sich auf eine Entscheidung geeinigt hat. Bei schwierigeren Aufgabenstellungen kann der Entscheidungsprozess früher unterbrochen werden, zum Beispiel bei den Vierergruppen. Deren Entscheidungen werden dann offen im Plenum diskutiert.

Wichtig ist auch die Vorbereitung einer Entscheidung. Alle Argumente, die für eine Entscheidung wichtig sind, sollten bekannt sein und ausgetauscht werden. Auf einer Wandzeitung können zum Beispiel auf einer Liste alle bedeutsamen Argumente für und gegen die Entscheidung gesammelt werden. Auf welcher Seite gibt es die meisten Einträge?

Es gibt viele gute Gründe, keine Mehrheitsentscheidung zu treffen, sondern nach Konsensentscheidungen zu suchen.

Sozialtraining in der Schule

Ein Projekttag kann ein guter Einstieg in die gewaltpräventive Arbeit einer Schule sein. Der Projekttag wird in jeder Klasse, die neu in die Schule aufgenommen oder neu zusammengesetzt wird, veranstaltet, um die Schülerinnen und Schüler für die Haltung der Schule zu sensibilisieren. An den Erkenntnissen und Ergebnissen des Projekttags wird anschließend im Unterrichtsalltag angeknüpft. Sie werden dort vertieft und weiterentwickelt.

Ziele und Inhalte

Ausgehend von den – oft sehr unterschiedlichen – Erfahrungen der Schülerinnen und Schüler mit Gewalt wird eine offene Diskussion herbeigeführt, in der alle Schülerinnen und Schüler ihre Erlebnisse darstellen können. Die während des Tages verwendeten Methoden ermöglichen es ihnen, das Thema aktiv zu gestalten und die Schwerpunkte selbst zu setzen.

Erfahrungen mit Gewalt werden im Allgemeinen individuell verarbeitet. Beim Projekttag soll den Schülerinnen und Schülern deutlich werden, dass sie mit ihren Erfahrungen nicht alleine sind. Die für Opfer von Gewalttaten typische Isolation wird aufgebrochen. Darüber hinaus wird im Verlauf der Übungen deutlich, dass jeder Mensch nicht nur Opfer, sondern auch Täter von Gewalt sein kann. Handlungsmöglichkeiten für ein gewaltfreies Zusammenleben werden von den

INFO

Übereinstimmen statt überstimmen

Gemeinsame Entscheidungen im Konsens zu fällen kann ein langwieriger Prozess sein. Er lohnt sich aber, denn Mehrheitsentscheidungen lassen immer Unzufriedene zurück, die nicht hinter der Entscheidung stehen und deren Umsetzung schwierig machen können. Besonders anfällig für offenen oder verdeckten Boykott sind knappe Mehrheitsentscheidungen.

Entscheidungsfindungsprozesse können zu unterschiedlichen Ergebnissen führen:

Eine Seite überzeugt die andere.
Die meisten glauben, bei Mehrheitsentscheidungen hat eine Seite die andere überzeugt. Sie ist es aber im Allgemeinen nicht. Bei einem Konsens durch Überzeugung haben (nahezu) alle Gruppenmitglieder die Argumente der Mehrheit übernommen und ihre ursprünglichen Positionen aufgegeben.

Eine Seite gibt nach.
Manchmal kommen einige zu dem Schluss, dass es der Mühe nicht wert ist, und geben ihre Positionen auf. Ihr Standpunkt kann aber trotzdem wichtig sein und sollte auch so behandelt werden. Abweichende Positionen können durchaus wichtige und hilfreiche Informationen enthalten.

Beide Seiten finden eine neue Alternative.
Meinungsverschiedenheiten können manchmal überwunden werden, wenn die Beteiligten nicht an ihren Positionen festhalten und sie verteidigen, sondern versuchen, eine neue, ganz andere Lösung zu finden.

Das Problem wird neu definiert.
Bei der ernsthaften Suche nach einem Konsens wird den Beteiligten oft klar, dass ihr Konflikt durch sprachliche Missverständnisse oder durch eine falsche Wahrnehmung der Gegenpartei verursacht wurde. Manchmal erkennen beide Seiten, dass sie ihre Ansichten überbewertet haben und mäßigen im Zuge der Konsensfindung ihre Standpunkte. So kann der Streitpunkt von beiden Seiten anders betrachtet werden.

Jede Seite gibt ein wenig nach.
Wenn sich die Parteien ihre Gemeinsamkeiten vergegenwärtigen, können sie manchmal zu einer Vereinbarung kommen, die die meisten Bedürfnisse beider Seiten berücksichtigt, statt die Bedürfnisse einer Seite voll und die der anderen gar nicht einzubeziehen.

Beide Seiten vereinbaren eine Pause.
Manchmal kommen alle Beteiligten zu dem Schluss, dass ihnen noch Informationen fehlen, um eine vernünftige Entscheidung zu treffen, oder dass sie zu erregt sind, um zu einer tragfähigen Lösung zu kommen. Dann sollten sie beschließen, die Entscheidung zu verschieben, bis die nötigen Informationen eingeholt und die Emotionen abgeebbt sind.

Nach: Bundeszentrale für Politische Bildung u. a. (Herausgeber): Kompass – Handbuch zur Menschenrechtsbildung für die schulische und außerschulische Bildungsarbeit, Bonn 2005, Seite 56 – 57.

Jugendlichen gemeinsam erarbeitet. Ziel sollte dabei sein, Verhaltensregeln für den Klassenalltag zu finden. Die Regeln sollten konkret und überprüfbar formuliert und in Vertragsform gehalten sein. Sie sollten von allen Schülerinnen und Schülern unterschrieben werden. Bei Zeitknappheit können die Regeln auch zeitnah anschließend im Unterricht erarbeitet werden.

Möglicher Ablauf:

8.00 Uhr   Begrüßung und Vorstellung des Programms
                  Einführung der Verhaltensregeln für den Tag
                  Übung: „Was ist für mich Gewalt?"
                  Übung, die auch Entspannung und Bewegung ermöglicht,
                  zum Beispiel: „Die Burg"
                  Übung: „Mein eigenes Gewaltverhalten"
                  Entspannungsübung

                  Pause

                  Rollenspiel: Eine Gewaltsituation aus dem Erfahrungsbereich
                  der Schülerinnen und Schüler nachspielen
                  Diskussion über alternative Handlungsmöglichkeiten
                  Erarbeiten von Verhaltensregeln und eines Vertrags für
                  den Unterrichtsalltag
                  Kurze Auswertung – Feedback der Schülerinnen und Schüler

14.00 Uhr   Ende des Projekttags

Die genaue Beschreibung eines Projekttages „Sozialtraining – Gewaltfreies Miteinander" in Berufsschulklassen der Schulze-Delitzsch-Schule in Wiesbaden ist als PDF abrufbar unter **www.blk-demokratie.de**. In der Rubrik „Materialien" finden Sie den Menüpunkt „Praxisbausteine", in dem die verschiedenen Ansätze und Schulmodelle zum sozialen Lernen dokumentiert sind.

KAPITEL 7

Demokratie
live

**Das Zusammenleben
gemeinsam regeln und mitbestimmen**

*Ob junge Menschen für Demokratie eintreten,
hängt davon ab, wie wichtig und wie selbstverständlich demokratische Überzeugungen
und demokratisches Verhalten in ihrem
Alltag sind. Sie müssen selbst die Erfahrung
machen, gebraucht und als Mensch anerkannt
zu werden.*

Demokratie erleben

Schule und Jugendeinrichtungen haben eine zentrale Funktion bei der Entwicklung und Festigung demokratischer Überzeugungen und Handlungskompetenzen und beim Einüben demokratischen Verhaltens.

Untersuchungen haben übereinstimmend festgestellt, dass es deutliche Zusammenhänge zwischen dem anti-demokratischen Einstellungssyndrom und schulischen Erfahrungen mangelnder Anerkennung durch Lehrerinnen und Lehrer, mangelndem Vertrauen der Schülerinnen und Schüler zur Schule und ihren Lehrkräften und fehlenden Gelegenheiten zur Partizipation in der Schule gibt.

„Pädagogische Bedingungen mildern oder begrenzen zwar den Ernstfall, doch sie heben ihn nicht auf: Macht wird auch im Schonraum ausgeübt, geteilt und begrenzt, Verantwortung übernommen, Legalität geachtet, Legitimität erworben; es wird nach Vereinbarungen gehandelt und Rechenschaft abgelegt; Interessen werden verhandelt, Projekte geplant und finanziert, Gruppen für Ziele rekrutiert, Koalitionen gebildet, Vertretungen gewählt; Institutionen werden aufgebaut, Satzungen entworfen und diskutiert, Zustimmung gesucht, Regeln angewendet, Texte ausgelegt und Recht gesprochen; Konflikte werden verhandelt, Verträge geschlossen, Stellungnahmen abgegeben und Positionen eingeklagt."

*Nach: Edelstein, Wolfgang: Überlegungen zur Demokratiepädagogik,
Vortragsmanuskript vom 05.11.2004, Seite 6.*

Wenn Jugendliche die Möglichkeit erhalten, an innerschulischen Prozessen und Projekten in Freizeiteinrichtungen mitzuwirken und diese Aktivitäten mitzubestimmen, bekommen sie auch ein Gefühl und Verständnis dafür, wie Demokratie funktioniert. Die Jugendlichen sollen erarbeiten, was Demokratie und demokratisches Zusammenleben bedeuten. Hierzu können die Arbeitsblätter „Was heißt hier demokratisch?" und „Demokratie bei uns" Diskussions- und Handlungsimpulse geben.

Arbeitsblatt 8: Was gehört zur Demokratie?

Lies die folgenden Aussprüche durch, und finde mindestens drei Merkmale von Demokratie heraus.

Wir wollen mehr Demokratie wagen. Wir wollen eine Gesellschaft,
die mehr Freiheit bietet und mehr Mitverantwortung fordert.
(Willy Brandt)

Demokratie entsteht, wenn man nach Freiheit und Gleichheit aller Bürger
strebt und die Zahl der Bürger, nicht aber ihre Art berücksichtigt.
(Aristoteles)

Demokratie ist tolerant gegen alle Möglichkeiten, muss aber gegen
Intoleranz selber intolerant werden können.
(Karl Jaspers)

Demokratie heißt Entscheidung durch den Betroffenen.
(Carl Friedrich von Weizsäcker)

Die Demokratie muss dem Schwächsten die gleichen Chancen
zusichern wie dem Stärksten.
(Mahatma Ghandi)

Demokratie ist im Grunde genommen die Anerkennung, dass wir,
sozial genommen, alle füreinander verantwortlich sind.
(Heinrich Mann)

Merkmale der Demokratie:

1.

2.

3.

Arbeitsblatt 9: Demokratie bei uns

Wie steht es mit der Demokratie in deiner Schule oder deinem Jugendzentrum? Bewerte die folgenden Sätze mit den Ziffern 1, 2 und 3.

1 = Das haben wir
2 = Das wünsche ich mir
3 = Das ist mir nicht so wichtig

☐ Alle Jugendlichen werden in gleicher Weise anerkannt.

☐ Alle Jugendlichen trauen sich, ihre Meinung zu sagen.

☐ Die Lehrenden oder Gruppenleiter fragen die Jugendlichen nach ihrer Meinung.

☐ Die Lehrenden oder Gruppenleiter stellen die Jugendlichen manchmal öffentlich bloß.

☐ Die Regeln für das Miteinander stellen die Jugendlichen selbst auf.

☐ Auch die Lehrenden und Gruppenleiter halten sich an die Regeln und die Hausordnung.

☐ Jugendliche dürfen grundsätzlich nur bei unwichtigen Angelegenheiten mitbestimmen.

☐ Die Jugendlichen respektieren die Lehrenden und Gruppenleiter.

☐ Bei Konflikten haben alle die Möglichkeit, ihre Sichtweise einzubringen.

Vergleiche deine Einschätzung mit der der anderen.

„Demokratie wird erfahren durch die Verbindung von Zugehörigkeit, Mitwirkung, Anerkennung und Verantwortung. Diese Erfahrung bildet eine wichtige Grundlage auch dafür, dass Alternativen zur Gewalt wahrgenommen und gewählt werden können. Ebenso hängt von dieser Erfahrung die Fähigkeit ab, Zugehörigkeit zu anderen und Abgrenzung von anderen als demokratische Grundsituation verstehen zu können und sie nicht mit blinder Gefolgschaft, mit der Abwertung anderer und mit Rassismus zu beantworten. So gesehen bilden demokratische Verhältnisse auf den verschiedensten Ebenen von Umgang und Institutionen innerhalb und außerhalb der Schule langfristig die wichtigste und grundlegendste Vorkehrung auch gegen Gewalt. Entsprechend gilt, dass Gewalt und rechtsradikale oder fremdenfeindliche Tendenzen bei Jugendlichen immer auch als mögliche Folgen fehlender Erfahrung der Zugehörigkeit, mangelnder Anerkennung und ungenügender Aufklärung zu sehen sind. Gerade angesichts der aktuellen Auseinandersetzungen muss an diesen Zusammenhang erinnert werden; eng und kurzfristig angelegte Programme genügen nicht."

Nach: Beutel, Wolfgang und Fauser, Peter (Herausgeber): Erfahrende Demokratie. Wie Politik praktisch gelernt werden kann. Leske + Budrich, Opladen 2001, Seite 35.

Das Zusammenleben gemeinsam regeln

Ein friedliches Zusammenleben und Zusammenarbeiten ist ohne Ordnungen und Regelungen nicht möglich. In jeder Gesellschaft gibt es deshalb – ausgesprochene oder unausgesprochene – „Spielregeln", sowohl in Form institutionalisierter Normen, Regeln und Gesetze als auch in Form informeller Konventionen, als Gebräuche, Sitten und Gewohnheiten. Eine wesentliche Grundlage, vor allem der informellen Normen, stellen die jeweils aktuellen Werte einer Gesellschaft dar.

Ordnungen, Regelungen, Gesetze werden häufig nur als Verbote, als Einschränkungen der persönlichen Freiheit, erlebt. Viele Jugendliche sehen darin in erster Linie Bevormundungen und Machtausübung durch Erwachsene. Dabei sollten Erwachsene sich selbst – und den jungen Leuten – verdeutlichen, dass durch Regelungen und Gesetze unser Aktionsspielraum gesichert und erweitert werden kann und viele unserer Aktivitäten überhaupt erst möglich werden. Regelungen und Gesetze beschränken demzufolge unsere persönliche Freiheit nicht nur, sondern garantieren sie gleichzeitig auch. Diese Erfahrung können Schülerinnen und Schüler allerdings nur machen, wenn die Regeln für alle gelten und nicht die Regeln in der Schule von den Erwachsenen für die Schülerinnen und Schüler gemacht werden und nur für diese gelten – obgleich ihre Sprache meist etwas anderes sagt: „Wir wollen alle freundlich miteinander umgehen."

Regelungen und Gesetze vermindern die Komplexität von Verhaltensmöglich-keiten und geben dadurch Verhaltenssicherheit. Sie

> erhöhen die Vorhersehbarkeit des Verhaltens in zwischenmenschlichen
>   Beziehungen,
> dienen als Richtschnur für das eigene Verhalten,
> helfen bei der Lösung von Problemen,
> verhindern oder vermindern gegenseitige Beeinträchtigungen.

Gerade für junge Menschen sind Ordnungen und Regelungen wichtig. Sie geben Orientierung und Halt und schützen Heranwachsende vor Gefährdungen.

Allerdings müssen die Regelungen den Verhaltensvoraussetzungen und Bedürfnis-sen der Menschen entsprechen, damit Ordnungsgrundsätze nicht als willkürlich erlebt und auch eingehalten werden. In einer demokratischen Gesellschaft haben alle Mitglieder Mitbestimmungsrechte bei der Erstellung der sie betreffenden Rege-lungen und Gesetze. Jedoch sind die Hürden für die Wahrnehmung dieser Rechte unterschiedlich hoch. Niemand kann direkt ein Gesetz verändern, aber alle mündi-gen Staatsbürgerinnen und Staatsbürger können sich in politischen Gruppierungen engagieren und auf die Gesetzgebung einwirken. Auch für Jugendliche gibt es Gremien – zum Beispiel Jugendparlamente, die Jugendorganisationen der politi-schen Parteien und Verbände –, die ihre Wünsche und Anliegen anhören. Für die Schule sind ihre Mitwirkungsrechte in den Schulgesetzen festgeschrieben.

Jugendlichen soll bewusst werden,

> dass Regeln die Werte und Zielsetzungen der Gemeinschaft lebbar machen,
> dass Regeln Verhaltenssicherheit bedeuten,
> dass es Regelungen mit unterschiedlicher Verbindlichkeit gibt. Sie müssen
>   unterscheiden lernen zwischen Regeln und Gesetzen, die von ihnen nicht
>   veränderbar sind (wie die gesetzlich geregelte Schulpflicht, die Versetzungs-
>   bestimmungen oder andere Regelungen des Schulgesetzes) und Regelungen
>   und Ordnungen, bei denen sie die Möglichkeit der unmittelbaren Mitbestim-
>   mung haben (wie zum Beispiel Klassen- und Hausordnungen).
> wie sie selbst Verantwortung übernehmen können, ihr Zusammenleben zu
>   regeln.

Verhaltenssicherheit durch Regelungen erfahren

Die Gruppe bildet Untergruppen. Diese sammeln Beispiele für alltägliche Regeln, zum Beispiel Verkehrsregeln oder Regeln im Sport. Die Ergebnisse der Kleingruppen werden im Plenum gesammelt und diskutiert. Was würde ohne diese Regelungen passieren?

Spielregeln ausprobieren

Spiele sind durch Regeln möglich, an die sich alle halten. Bei einem Spiel verhalten sich zwei Schülerinnen oder Schüler, Kursteilnehmerinnen oder -teilnehmer, die vorher von der Gruppenleitung unbemerkt dazu aufgefordert wurden, absichtlich regelwidrig. Was passiert? Ist das Spiel noch möglich?

Die Gruppe bildet Untergruppen. Diese erfinden für ein und dasselbe Spiel unterschiedliche Regeln und probieren sie aus. Welche Vor- und Nachteile haben die unterschiedlichen Regeln? Bei welchen Regeln haben alle Gruppenmitglieder Spaß am Spiel? Bei welchen Regeln gibt es die wenigsten Regelverstöße? Muss es Sanktionen für Regelverstöße geben? Warum und welche?

Regeln vereinbaren

Regeln werden am ehesten eingehalten, wenn

> die, für die sie bestimmt sind, an ihrer Erstellung mitarbeiten können.
> sie als Verpflichtung und nicht als Verbot formuliert werden, also nicht: Du darfst nicht ..., sondern: Ich will ...
> sie Verhalten konkret beschreiben, also nicht: Wir wollen friedlich zusammenleben, sondern: Ich werde niemanden anschreien oder schlagen.
> es nicht zu viele Regeln auf einmal sind.
> Sanktionen für Regelverstöße und Honorierungen für das Befolgen der Regeln festgelegt und bekannt sind.
> sie für alle gelten, aber dennoch bei begründeten Einzelfällen Ausnahmen gemacht werden können.

Vorschläge für eine wirksame Regelvereinbarung in einer Gruppe:

1. Abfragen des Ist-Zustandes: Was stört euch, was hättet ihr gerne? Ihre Wünsche „Ich hätte gerne" schreiben die Jugendlichen und die Lehrkraft oder Gruppenleitung einzeln auf Papierstreifen, die sie dann auf eine Wandzeitung kleben. Nun werden Kleingruppen gebildet. Diese wählen aus der Gesamtliste die drei Vorschläge aus, die ihrer Meinung für alle am wichtigsten sind.

2. Gemeinsame Auswertung der Kleingruppenergebnisse im Plenum: Zunächst kann durch Klebepunkte eine Rangfolge hergestellt werden. Anschließend wird ein Konsens für die wichtigsten Regeln herbeigeführt. Die Anzahl der Regeln wird auf höchstens fünf begrenzt.
3. In Kleingruppen wird erarbeitet: Was kann ich tun, damit die Regeln eingehalten werden? Soll es bei Regelverletzungen Sanktionen geben? Welche?
4. Zusammenstellung von Regeln, die für die Gruppe in der nächsten Zeit (für einen begrenzten Zeitraum) gelten sollen.
5. Erstellen einer Wandzeitung, auf der die Regeln für alle gut lesbar sind. Sanktionen für Regelverletzungen werden auch hier aufgeschrieben.

In ähnlicher Weise können Regeln für die Hausordnung der Schule oder Jugendeinrichtung erarbeitet werden. Die Erfahrung, dass Regeln notwendig für das Zusammenleben sind und das gemeinsame Erarbeiten von Regeln motiviert Jugendliche meist, sie zu befolgen.

Zum Ausarbeiten der Regeln kann eine „Arbeitsgruppe Hausordnung" gegründet werden, die paritätisch mit Jugendlichen und Erwachsenen besetzt ist. Die Vertreter der unterschiedlichen Gruppen sammeln in ihrer Gruppe Anregungen und Vorschläge und bringen diese in die AG ein.

Regeln wichtig nehmen
Die Regeln sollten am Anfang jedes Schuljahres eingeführt und eingeübt werden. In den Klassen werden von der AG „Hausordnung" erarbeitete Rückmeldebögen verteilt. Damit werden die Regeln evaluiert. Am Ende des Schuljahres, zum Beispiel an einem Projekttag „Hausordnung", werden sie auf der Grundlage der Rückmeldungen überarbeitet. Die Jugendlichen überlegen an diesem Tag auch, wie sie neue Schülerinnen und Schüler oder Kursteilnehmerinnen und -nehmer im nächsten Schuljahr mit der Hausordnung vertraut machen und sie integrieren können. Alle Neuen bekommen zum Beispiel einen persönlichen Brief, der nicht nur die Hausordnung enthält, sondern auch Informationen darüber, welche Mitwirkungsmöglichkeiten und -angebote und welche Unterstützung, zum Beispiel durch Paten, Tutoren oder Streitschlichter, es an der Schule für sie gibt.

Strukturen für Mitbestimmung schaffen

Die Mitbestimmung von Schülerinnen und Schülern ist in den Schulgesetzen recht-
lich verankert. Die Tradition ihrer Mitbestimmung entspricht der institutionali-
sierten Beteiligung der Menschen in einer Demokratie. Gewählte Vertreterinnen
und Vertreter repräsentieren die Schülerschaft in den Entscheidungsgremien. Ziel
der Schülervertretung, der SV, ist es, die Mitwirkungs- und Verantwortungsbereit-
schaft der Schülerinnen und Schüler zu fördern und sie an der Gestaltung des
Schullebens zu beteiligen. Von Lehrkräften und Schulleitung wird die SV meistens
zu wenig unterstützt und in Anspruch genommen. Dabei gibt es einen wechsel-
seitigen Zusammenhang zwischen der Effektivität der SV-Arbeit und dem Schulklima: Je mehr Einflussmöglichkeiten der SV eingeräumt werden, desto besser
wird das Schulklima.

Wenn man bei Mitbestimmung nicht so sehr an Demokratie als Herrschaftsform,
sondern an Demokratie als Lebensform denkt, sollte Mitbestimmung für Schülerinnen und Schüler eine Aufforderung und eine Möglichkeit darstellen, die alltäglichen lebens-, lern- und leistungsbestimmenden Interaktionen in der Schule
mitzuverantworten und zu durchdringen. Dazu müssen geeignete Formen und
Methoden eingeführt werden. Als ein wichtiges Element der Demokratieerziehung
und Mitbestimmung hat sich der Klassenrat bewährt. Im Schulalltag können dann
repräsentative Formen der Mitbestimmung wie die Schülervertretung und basis-
demokratische wie der Klassenrat in ganz unterschiedlicher Weise miteinander
verbunden werden.

Der Klassenrat

Der Klassenrat ist die Versammlung aller Schülerinnen und Schüler einer Klasse.
Er geht auf den französischen Reformpädagogen Célestin Freinet zurück, in
dessen Schulkonzept die Beteiligung der Schülerinnen und Schüler eine zentrale
Rolle spielte. Im Klassenrat haben alle gleichberechtigt die Möglichkeit, ihre
Meinung zu allen zur Diskussion stehenden Themen zu äußern, neue Themen
einzubringen und über das Zusammenleben und Lernen mitzubestimmen.

Im Klassenrat können Schülerinnen und Schüler lernen, sich in die Fragen und
Probleme der anderen einzufühlen und sie zu verstehen. Sie werden kooperations-
fähiger, selbstbewusster und selbstständiger. Sie können den Mut entwickeln, sich
offen auseinanderzusetzen und ihre Meinung – auch entgegen der Meinung der
Lehrkraft – zu vertreten. Darüber hinaus lernen die Schülerinnen und Schüler,

eine Diskussion zu führen und zu leiten, sich an vereinbarte Gesprächsregeln zu halten und nach den allgemein üblichen Geschäftsordnungspraktiken zu verfahren.

Realisierung

Je nach Alter und Entwicklung der Schülerinnen und Schüler wird sich jeder Klassenrat vom anderen unterscheiden. Jede Klasse vereinbart gemeinsam eine zu ihr passende Konzeption für ihren Klassenrat: Organisatorisches, Themenfindung, Gesprächsregeln, Beschlussfassung, Protokoll oder Konfliktmanagement.
Dennoch gibt es bestimmte Grundstrukturen für den Klassenrat. Er ist prinzipiell eine Veranstaltung der Schülerinnen und Schüler und wird von ihnen verantwortet. Klassenlehrerin oder Klassenlehrer – oder auch andere Lehrkräfte – begleiten den Klassenrat beratend und unterstützend und stellen Unterrichtszeit zur Verfügung. Sie können nach den von der Klasse beschlossenen Regeln als gleichberechtigte Mitglieder teilnehmen, aber sie bestimmen den Klassenrat nicht.

Die Themen, die im Klassenrat verhandelt werden, werden von den Schülerinnen und Schülern festgelegt. Sie werden vorab in einem Klassenratsbuch oder auf einer Wandzeitung gesammelt und müssen immer mit dem Namen unterzeichnet sein. Anonyme Anträge werden nicht verhandelt. Die Themenzettel und -wünsche sollten nicht nur Kritik, sondern auch Anerkennung und Lösungsvorschläge enthalten. Die Bedeutung von Klassenratsbuch und Wandzeitung wird gestärkt, wenn sie auch von Lehrkräften genutzt werden. Die Themen werden in der Reihenfolge der Eintragungen abgehandelt. Aktuelle Anlässe können auch vordringlich verhandelt werden. Im Klassenrat können Konflikte behandelt werden. Er ist aber nicht in erster Linie eine Konfliktlöseinstitution und in keinem Fall eine Gerichtsverhandlung, bei der die gesamte Klasse einen einzelnen Straftäter aburteilt. Bei der Einrichtung eines Klassenrates muss geklärt werden, welche Themen und Anliegen im Klassenrat behandelt werden können und welche nicht.

Zum Themenbereich Gewalt kann der Klassenrat beispielsweise folgende Fragen bearbeiten:

> Bei Gruppenarbeit kommt es immer wieder zu Streit, weil nicht alle mit allen zusammenarbeiten wollen. Wie können wir das ändern?
> Was können wir dagegen tun, dass der Umgangston in der Klasse immer rauer wird?
> Die SV hat angeregt, dass wir alle gemeinsam Regeln für ein friedliches Zusammenleben in der Schule aufstellen. Welche Regeln sind uns wichtig?

Ebenso wie die Inhalte des Klassenrats liegt auch dessen Organisation in der Verantwortung der Schülerinnen und Schüler. Die Sitzordnung ist der Stuhlkreis. Dadurch wird die Gleichberechtigung aller Schülerinnen und Schüler sichtbar. Die Leitung wird sinnvollerweise reihum zu zweit oder zu dritt, von einem von Sitzung zu Sitzung wechselnden Präsidium übernommen. Ein Präsidiumsmitglied leitet und moderiert die Veranstaltung, ein zweites nimmt die Wortmeldungen entgegen und kontrolliert die Einhaltung der Redeliste, ein drittes ist verantwortlich für das Protokoll. Bei Abstimmungen hat jedes Klassenratsmitglied eine Stimme. Nimmt die Lehrkraft am Klassenrat teil, hat auch sie nur eine Stimme und muss sich an die Redeliste halten.

Die Beschlüsse des Klassenrats sollten nach Möglichkeit einvernehmlich oder mit einer deutlichen Mehrheit getroffen werden. Gelingt das nicht auf Anhieb, sollte in einer der nächsten Sitzungen nachverhandelt werden. Nur so kann gewährleistet werden, dass auch tatsächlich alle Schülerinnen und Schüler Vereinbarungen als ihre Beschlüsse anerkennen und sich danach richten. Am Ende jeder Sitzung werden alle wichtigen Ergebnisse in ein Protokollbuch eingetragen.

INFO

Aufgaben für das Klassenratspräsidium

1. Die von der Klasse gewünschten Themen mitteilen.
2. Die Tagesordnung festlegen und bekannt geben.
3. Nacheinander die Tagesordnungspunkte aufrufen, bei jedem Punkt
   > die Reihenfolge der Wortmeldungen einhalten,
   > das Wort erteilen,
   > alle Meinungen beachten,
   > Zwischenrufe nicht zulassen,
   > Abweichungen vom Thema verhindern,
   > Störungen aufgreifen,
   > gegebenenfalls einen Beschluss herbeiführen und
   > die Diskussion kurz zusammenfassen.
4. Die für die Versammlung zur Verfügung stehende Zeit einhalten.
5. Die Mitglieder des Klassenratspräsidiums für die nächste Sitzung bekannt geben.
6. Die Sitzung pünktlich beenden, ein schriftliches Protokoll anfertigen und in das Protokollbuch eintragen.

Der Klassenrat sollte regelmäßig tagen, am besten einmal wöchentlich eine Schulstunde, und die Themen, die im Laufe der Woche eingegangen sind, bearbeiten. Zu Beginn jeder Klassenratssitzung werden die Beschlüsse und / oder Unaufgearbeitetes aus der vorangegangenen Sitzung vorgelesen. Wurde ein Beschluss nicht eingehalten, wird auch dieser erneut auf die Tagesordnung gesetzt. Die Bedeutung des Klassenrats und die Verantwortung, die Schülerinnen und Schüler damit übernommen haben, werden dadurch immer wieder bewusst gemacht.

Je früher Kinder mit dem Klassenrat vertraut gemacht werden, desto besser funktioniert er. Ältere Schülerinnen und Schüler, denen in ihrer Schulzeit bisher wenige Möglichkeiten zur Mitwirkung eingeräumt wurden, brauchen oft mehr Zeit und Unterstützung. Der Klassenrat kann in jeder Schulform eingeführt werden. Auch Förderschüler können mit diesem Instrument Verantwortung übernehmen und Verantwortung zeigen.

Für die Arbeit mit dem Klassenrat ist Vertrauen notwendig. Schülerinnen und Schüler müssen die Erfahrung machen, dass sie sich in der Gruppe und vor den Lehrkräften offen und sanktionsfrei äußern können, dass ihnen verantwortliches Verhalten zugetraut wird, ihre Mitwirkung gewünscht ist und dass sie gemeinsam etwas bewirken können.

Mädchen- und Jungen-Konferenzen

Es gibt Sachverhalte oder Probleme, über die offener in einer geschlechtshomogenen Gruppe gesprochen werden kann. Dies ist besonders beim Thema Gewalt der Fall. Deshalb ist es sinnvoll, entweder aus aktuellen Anlässen oder regelmäßig getrennte Mädchen- und Jungenkonferenzen stattfinden zu lassen:

> Mädchen können über ihre alltäglichen Erfahrungen von Entwertung und Übergriffen durch Jungen, insbesondere auch über sexuelle Gewalt, sprechen. Sie können dabei erkennen, dass es sich um Gewalt handelt, die sie sich nicht gefallen lassen müssen.

> Jungen können abwertende und aggressive Verhaltensweisen gegenüber Mädchen, aber auch innerhalb der Jungengruppe, leichter selbstkritisch reflektieren und sich künftig dagegen entscheiden.

Eine methodische Möglichkeit ist die Übung „Anmache und Provokation" auf der folgenden Seite.

Anmache und Provokation

In ihrer geschlechtshomogenen Gruppe tragen Mädchen und Jungen Situationen zusammen, in denen sie andere Jugendliche belästigt und provoziert haben. Aus den gesammelten Beispielen sucht jede Gruppe eins aus und spielt es dann in der Gesamtgruppe vor:

> Nach jedem einzelnen Anspiel werden Anlässe und Gründe gesammelt, die hinter den Provokationen stecken könnten und möglicherweise nur indirekt ausagiert wurden. Die Aufmerksamkeit sollte auch darauf gerichtet werden, welche Formen der Provokation und Anmache Mädchen und Jungen jeweils gewählt haben.

> Anschließend werden alternative Verhaltensweisen angespielt und diskutiert.

Nach Möglichkeit sollte die Mädchenkonferenz von einer Lehrerin oder einer Gruppenleiterin und die Jungenkonferenz von einem Lehrer oder Gruppenleiter begleitet werden. Allerdings werden dafür nicht immer genug männliche Lehrkräfte und Gruppenleiter zur Verfügung stehen. Frauen, die mit Jungenkonferenzen arbeiten, müssen sich zunächst kritisch mit der eigenen Sichtweise auf Jungen und Gewalt auseinandersetzen: Was erwarten sie von den Jungen? Was unterscheidet Jungen von Mädchen? Ist Junge gleich Junge oder gibt es nicht auch Unterschiede zwischen Jungen? Die Erkenntnisse und Ergebnisse, die in den geschlechtshomogenen Gruppen gewonnen werden, müssen dann in geeigneter Weise wieder in den gemeinsamen Klassenrat der Mädchen und Jungen eingebracht werden.

Jahrgangsräte und Vollversammlungen

Bei wichtigen Fragen, die mehr als einen Schülerjahrgang oder die gesamte Schule betreffen, können Jahrgangsräte oder Vollversammlungen allen Schülerinnen und Schülern die Gelegenheit geben, sich zu informieren und mitzubestimmen. Solche Versammlungen können in gegenseitiger Absprache sowohl von der SV als auch von der Schulleitung einberufen werden.

Die Organisation und Moderation solcher Versammlungen, das Diskutieren und Abstimmen in der Großgruppe stellen allerdings besondere Herausforderungen dar. Insbesondere sind hierfür auch Methodenkenntnisse erforderlich. In großen Schulen werden deshalb die anstehenden Fragen in Teilversammlungen diskutiert und deren Ergebnisse anschließend von Delegierten zusammengetragen. Entscheidungen können dann wieder durch direkte Befragung aller Jugendlicher erfolgen.

Für große Gruppen

Fishbowl

Die Diskussion in einer Großgruppe lässt sich mit Hilfe einer Fishbowl strukturieren. Eine Leitungsgruppe (nicht mehr als fünf Personen) sitzt vor oder in der Mitte des Plenums im halboffenen Stuhlkreis, ein Stuhl bleibt frei. Die Kleingruppe diskutiert nun das aktuelle Thema oder Problem. Die Beteiligung aus dem Plenum erfolgt dadurch, dass immer eine Person, eine Schülerin oder ein Schüler oder auch ein Gruppenleiter oder eine Gruppenleiterin, die ein Argument einbringen möchte, auf dem leeren Stuhl Platz nimmt und den Platz anschließend wieder frei macht.

Ampel-Feedback

Mit dieser Methode können in einer Großgruppe vor einer Abstimmung Meinungen erfragt werden. Alle erhalten ein rotes, ein grünes und ein gelbes Kärtchen. Wer einem Vorschlag oder Argument zustimmt, zeigt das grüne Kärtchen, wer nur teilweise zustimmt, das gelbe Kärtchen, wer dagegen ist, das rote Kärtchen. Einige Abstimmende jeder Farbe werden gebeten, ihre Entscheidung kurz zu begründen.

Auf Gewalt verzichten

Um Schule und Freizeit gewaltfrei zu gestalten, müssen alle, die dort leben und arbeiten, Verantwortung übernehmen. Jede und jeder Einzelne muss erkennen, dass und wo sie oder er selbst zuständig und verantwortlich ist. Alle können einen Beitrag für ein demokratisches, friedliches und von Toleranz geprägtes Miteinander in der Schule und in der Freizeit leisten.

Zentral für die Entwicklung eines positiven, Gewalt ächtenden Klimas sind

> gegenseitige Achtung, Vertrauen und Akzeptanz, die es möglich machen, Misserfolge als normalen Bestandteil des Lebens zu verstehen und Konflikte so auszutragen, dass die Persönlichkeit aller Beteiligten unbeschadet bleibt.

> Selbstwertgefühl und Eigenständigkeit von Jugendlichen und ihren Lehrkräften oder Gruppenleitern.

> keine Ausgrenzung und persönliche Konkurrenz, sondern die Akzeptanz von Verschiedenheit als Herausforderung und Bereicherung.

> Strukturen, die eigenverantwortliches Lernen und Leben in der Schule oder Jugendeinrichtung ermöglichen und fördern.

Auf diese allgemeinen Grundsätze können Jugendliche sich leicht verständigen. Damit die Grundsätze aber in ihrem Alltag handlungswirksam werden, müssen sie konkretisiert werden, ihre Praxistauglichkeit muss erfahren werden und sie müssen zu den eigenen Zielsetzungen werden. Bei diesem Umsetzungsprozess ist die aktive Mitarbeit und Verantwortungsübernahme der Jugendlichen unumgänglich. Sie müssen Gelegenheit bekommen, eigene Vorstellungen zu entwickeln, wie eine gemeinsame Ordnung und Zielvereinbarung für eine gewaltfreie Schule oder ein gewaltfreies Jugendzentrum aussehen können.

Damit Zielvereinbarungen im Bewusstsein bleiben, eingehalten werden und ihre Effektivität überprüft werden kann, haben sich schriftliche Verträge oder Selbstverpflichtungen bewährt. Zunächst ist eine umfassende Reflexion der Inhalte erforderlich, auf den die Selbstverpflichtung sich bezieht. Damit sich die Jugendlichen darauf einlassen können, kann die Methode eingeübt werden.

Zielvereinbarungen in einer Klasse

Nach Gewaltvorfällen in einer Klasse sind Schülerinnen und Schüler im Allgemeinen eher bereit, Verhaltensänderungen zu versprechen. Die Erfahrung lehrt allerdings, dass diese Änderungen nicht lange vorhalten und das Gewaltverhalten sich wieder einschleicht. Dies führt zu Enttäuschungen bei den Lehrkräften ebenso wie bei Schülerinnen und Schülern. Die Ursachen liegen aber meist nicht in mangelnder Motivation oder Ernsthaftigkeit der Schülerinnen und Schülern, sondern in methodischen Mängeln:

> Es werden zu viele Versprechen abgegeben oder abverlangt.
> Die Versprechen sind zu unkonkret.
> Das Einhalten der Versprechen wird nicht systematisch kontrolliert.
> Das Nichteinhalten wird bestraft – das Einhalten für selbstverständlich gehalten.

Eine Zielvereinbarung definiert das Vorgehen, die Intention und den Geist, die einer Einzelperson oder einer Gruppe als motivierende Kräfte dienen. Die Zielvereinbarung ist die Vision, die alle aktiviert, ihr Bestes zu geben. Ausgehend von der Zielvereinbarung tragen Schülerinnen und Schüler eine Liste mit Aspekten zusammen, die sie für wichtig halten. Sie bringen diese Aspekte in eine Reihenfolge und wählen davon einen Punkt aus, auf dessen Umsetzung sie sich verpflichten wollen. Sie legen den Zeitraum fest, für den die Vereinbarung gelten soll, zum Beispiel eine Woche, und bestätigen mit ihrer Unterschrift, dass sie die Vereinbarung einhalten wollen.

Die Zielvereinbarung wird deutlich sichtbar im Klassenraum ausgehängt. Sie wird an jedem Tag in Erinnerung gerufen, zum Beispiel zu Beginn der ersten Stunde laut vorgelesen.

Solche Zielvereinbarungen können sein:

> Wir helfen einander.
> Wir beurteilen andere nicht danach, was sie nicht können.
  Stattdessen erkennen wir sie dafür an, was sie können.
> Wir lösen Konflikte im Gespräch.

Ob und wie die Zielvereinbarung eingehalten wurde, wird im Klassenrat diskutiert. Dort wird auch beschlossen, ob die Zielvereinbarung Geltung behalten oder eine neue Zielvereinbarung getroffen werden soll.

Verpflichtungen an die Schulgemeinschaft

Entsprechend dem Schulleitbild stellen die Schülerinnen und Schüler der SV Regeln für das friedliche Zusammenleben auf. Diese Vorschläge werden in den einzelnen Klassen, zum Beispiel im Klassenrat, besprochen. Die Klassen bringen ihre Ergebnisse in ihren Jahrgangsrat ein, der sie dann wieder an die SV zurückgibt. Die Schülervertretung beschließt daraus den endgültigen Regelkatalog und formuliert ihn als Verpflichtung. Der Regelkatalog wird in die Klassen zurückgegeben. Er wird von jeder einzelnen Schülerin und jedem einzelnen Schüler unterschrieben. Mit ihrer Unterschrift verpflichten sich alle, die Regeln einhalten zu wollen. Der Regelkatalog mit allen Unterschriften wird im Klassenraum ausgehängt. Schülerinnen und Schüler können sich gegenseitig an ihre – ja immer sichtbaren – Verpflichtungen erinnern und die vereinbarten Regeln im Klassenrat als Diskussions- und Entscheidungsgrundlage verwenden.

Das Regelwerk kann so formuliert werden, dass es auch für Lehrkräfte gilt und von ihnen ebenfalls unterschrieben wird. In diesem Fall muss auch die Gesamtkonferenz an der Formulierung beteiligt werden.

Eine Selbstverpflichtung sollte immer schriftlich in Form eines Vertrages abgefasst werden. Verträge sind Schülerinnen und Schülern als verbindliche Absprachen bekannt. Sie zeichnen sich durch einen höheren Grad an Verbindlichkeit aus als die üblichen mündlichen innerschulischen Absprachen. Vertragsform und Unterschrift verringern außerdem Auseinandersetzungen darüber, ob Regeln bekannt waren. Ein Versprechen an die Schulgemeinschaft hat einen hohen Wert. Durch ihre

Unterschrift zeigen Schülerinnen und Schüler, dass es ihr eigenes Versprechen ist. Auch wenn Schülerinnen und Schüler sich verpflichten, bestimmte Regeln einzuhalten, bedeutet das nicht, dass diese Regeln für immer und ewig gelten müssen. Das Regelwerk sollte in jedem Schuljahr überprüft und gegebenenfalls verändert und die Verpflichtung erneuert werden.

Ein Schulversprechen macht die Schule nicht gleich zu einem friedvollen Ort des Zusammenlebens. Konflikte und Probleme wird es weiterhin geben. Der Umgang mit ihnen wird sich aber verändern – das berichten alle Schulen, die mit solchen Versprechen arbeiten. Nach ihren Erkenntnissen besteht kein Zweifel, dass ein Schulversprechen wirksam ist und das Zusammenleben verbessert. Schülerinnen und Schüler bemühen sich ernsthaft, Vereinbarungen, an deren Ausarbeitung sie beteiligt waren, und die sie mit ihrer Unterschrift besiegelt haben, einzuhalten. Durch das Schulversprechen machen sie die Erfahrung, dass sie respektiert werden, dass ihnen Verantwortung zugetraut wird, dass sie ernst genommen werden.

Einige Schulen honorieren das Einhalten der Versprechen in jedem Schuljahr mit einem Fest. Gemeinsam wird das gute Schulklima gefeiert, besondere Ereignisse werden hervorgehoben und Urkunden verliehen für die, die sich in besonderer Weise für ein friedliches Zusammenleben eingesetzt haben.

So wird's gemacht

Beispiel 1: Werner-Stephan-Oberschule Berlin

*Nach: Arnz, Siegfried/ Haag, Reiner: Ein Versprechen an die Schulgemeinschaft und seine Folgen.
In: Pädagogik 1/ 2003, Seite 26.*

Versprechen an die Schulgemeinschaft 2002/ 2003
(erarbeitet von den Klassensprecher(innen) am 06.09.2002)

1. Schüler(innen) und Lehrer(innen) der Schule sollten sich mehr respektieren und zusammenhalten.

2. Ich respektiere meine Mitschüler(innen), egal welche Nationalität sie haben, und behandle sie so nett und freundlich, wie ich auch von ihnen behandelt werden möchte.

3. Ich fange keinen Streit und keine Prügelei an. Wenn ich Ärger mit meinen Mitschüler(innen)n habe, wende ich mich zuerst an die Streitschlichter(innen) sowie Vertrauensschüler(innen) und dann an die Lehrer(innen). Ich wende keine Gewalt an.

4. Ich bringe keine Drogen und keine Waffen in die Schule mit. Wenn ich mit Drogen deale oder Mitschüler(innen) mit Waffen bedrohe, schließe ich mich von der Schulgemeinschaft aus und muss damit rechnen, von der Schule verwiesen zu werden.

5. Ich muss mein Handy vor Unterrichtsbeginn ausschalten und darf es erst aus der Tasche nehmen, wenn ich aus der Schule komme.

6. In den Pausen bleibe ich auf dem Schulgelände, es sei denn, ich habe die schriftliche Erlaubnis einer Lehrerin/ eines Lehrers. Die Aufsichten am Tor-Nord sollten besser geregelt werden, auch damit es keinen Stress mit Schulfremden gibt.

7. Ich beschmiere die Schule nicht und benutze kein fremdes Eigentum ohne vorherige Erlaubnis. Ich gehe auch nicht an die Taschen meiner Mitschüler (innen) und verstecke deren Sachen nicht.

8. Ich rauche nur in der Raucherecke und werfe meine Kippen in den Eimer. Ich spucke nicht in der Gegend rum.

9. Ich bin tolerant gegenüber meinen Mitschülerinnen und Mitschülern.

10. Ich verspreche, mich zu bemühen, diese Regeln einzuhalten.

Unterschrift: Datum:

Beispiel 2: Wilhelm-Leuschner-Schule,
eine integrierte Gesamtschule in Wiesbaden *www.wilhelm-leuschner-schule.de*

Grundsätze des Schullebens

Im Rahmen eines Projektes wurden 1997 unter Beteiligung aller Schülerinnen und Schüler, aller Lehrkräfte sowie von Elternvertretern die „Grundsätze des Schullebens an der Wilhelm-Leuschner-Schule (WLS)" erarbeitet und verabschiedet.

In der Präambel der Grundsätze heißt es:
„Wir wollen dazu beitragen, dass bei uns effektives Lehren und Lernen stattfinden kann: Jede Form von Gewalt, ob verbal oder körperlich, ob gegen Menschen oder Sachen, wird an unserer Schule geächtet. Schülerinnen und Schüler sollen gerne die Wilhelm-Leuschner-Schule besuchen, sich hier wohl fühlen und angstfrei leben und lernen können."

Weiter heißt es:
„Unsere Erwartungen und Anforderungen sind Eintrittsvoraussetzungen für den Besuch der Wilhelm-Leuschner-Schule. Die am 21. März 1997 per Votum verkündeten ‚Grundsätze des Schullebens an der Wilhelm-Leuschner-Schule' sind für alle Schülerinnen und Schüler, Lehrerinnen und Lehrer und Eltern verbindlich. Ihre Nichtbeachtung wird sanktioniert (verfolgt).

Jeder ist dafür verantwortlich, dass diese Grundsätze an der Wilhelm-Leuschner-Schule eingehalten und nach außen hin vertreten werden. Wir wollen hinsehen und nicht wegschauen, wenn dagegen verstoßen wird. Die stillschweigende Duldung von Verstößen wollen wir nicht akzeptieren."

Die Grundsätze formulieren als Leitbild für die Wilhelm-Leuschner-Schule:
> Achtung vor dir selbst
> Achtung gegenüber anderen
> Achtung gegenüber dem Lernen
> Achtung gegenüber dem Lebensraum Schule

(Auszug aus dem Leitbild)

Das Besondere an diesem Schulbeispiel ist, dass hier nicht nur die Nichtbeachtung der Grundsätze sanktioniert, sondern regelmäßig auch ihre besondere Beachtung honoriert wird.

Um das Leitbild der Wilhelm-Leuschner-Schule (WLS) mit Leben zu erfüllen und positiv zu besetzen, wurde nach der Verabschiedung der Grundsätze der WLS-Rat gegründet. Er trifft sich einmal im Monat, durchforstet den sogenannten Kummerkasten oder vermittelt in Konfliktfällen. Immer wieder diskutiert er, wie die Weiterentwicklung der WLS im Sinne der Grundsätze gestaltet werden kann und setzt neue Akzente.

Eine besondere Veranstaltung, die durch den WLS-Rat vorbereitet wird, ist die „Grundsätzefeier". Am letzten Schultag vor den Osterferien werden in jedem Jahr Schülerinnen und Schüler, Lehrkräfte und Eltern geehrt, die sich besonders für die Umsetzung der Grundsätze im Schulleben eingesetzt haben. Im Rahmen eines bunten Programms aus Musik, Tanz und Theaterszenen werden Urkunden für das besondere Engagement überreicht.

KAPITEL 8

Von Buddys und Paten

Verantwortung füreinander übernehmen

Gleichaltrige haben besondere Möglichkeiten, aufeinander Einfluss auszuüben. Darauf beruht das Prinzip der Peer-Education. Sie wird als Arrangement verstanden, in dem sich Jugendliche für Jugendliche engagieren. Angehörige einer gleichen Gruppe informieren, beraten und unterstützen sich gegenseitig. Sie übernehmen Verantwortung füreinander. In der Schule und in Freizeiteinrichtungen gibt es hierfür viele Möglichkeiten.

Peer-Projekte

Damit Peer-Projekte erfolgreich verlaufen,

> müssen Jugendliche sich freiwillig dafür engagieren können.
> ist die aktive Unterstützung von Lehrkräften oder Gruppenleitern erforderlich.
> sollte das besondere Engagement der Jugendlichen gewürdigt werden.
> sollten diese Projekte als bedeutsame Einrichtungen im Schulprogramm oder im Statut von Jugendzentren und Vereinen verankert werden.

Peer-Projekte, die das Zusammenleben positiv beeinflussen, sind zum Beispiel:

Der Pate
Schülerinnen und Schüler der gleichen Klasse übernehmen Verantwortung für einzelne Mitschülerinnen und Mitschüler. In Freizeiteinrichtungen können Gleichaltrige zum Beispiel eine ausländische Schülerin, die nur wenig deutsch spricht, betreuen und ihr helfen, am Schulleben und an Freizeitaktivitäten teilzunehmen.

Die Paten
Patensysteme funktionieren besonders gut in Schulen und in Jugendeinrichtungen oder Vereinen, in denen sich junge Menschen langfristig engagieren. Jugendliche älterer Jahrgänge übernehmen dabei einzeln, im Team oder als Klasse die Patenschaft für neue Klassen oder Gruppen:

> Sie sind für die neuen Schülerinnen und Schüler Ansprechpartner für alle Fragen.
> Sie helfen bei der Organisation von Schulanfangsprojekten oder von Einführungsveranstaltungen.
> Sie stehen bei Problemen und Konflikten zur Verfügung.
> Sie betreuen die Neuen bei Schulveranstaltungen wie Sportfesten und gegebenenfalls auch bei Klassenfahrten.
> Sie organisieren außerschulische Veranstaltungen.

Lernpartnerschaften oder Tutorenprogramme
Schülerinnen und Schüler unterstützen andere beim Lernen. Gleichaltrige oder nur wenig Ältere können sich besser in schulische Schwierigkeiten einfühlen, Fragen leichter verstehen, hilfreichere Erklärungen geben und überzeugender zur Lernanstrengung motivieren als Lehrkräfte und andere Erwachsene. Ihnen können sich Schülerinnen und Schüler offener als ihren Lehrerinnen und Lehrern anvertrauen und Lernhilfe ohne Angst vor schlechter Bewertung einfordern.

Die Helfenden lernen, andere besser zu verstehen und sich in ihre Lage hineinzuversetzen. Sie können Fremdheit und Vorurteile abbauen.

Lernen in einer Klassengemeinschaft ist häufig eher konkurrierendes als gemeinsam verantwortetes Lernen. Dem kann durch die Einführung von **Lerntandems**
gegengesteuert werden. Schülerinnen und Schüler übernehmen Mitverantwortung
dafür, dass (möglichst) alle in der Klasse Lernerfolg haben, indem sie sich
wechselseitig beim Lernen unterstützen. Ein Lerntandem besteht jeweils aus
zwei Schülerinnen oder Schülern und kann auf Zeit und je nach Aufgabenstellung
sowohl von Schülerinnen und Schülern gleicher als auch unterschiedlicher Kompetenzen gebildet werden. Sie helfen einander bei allen anstehenden Aufgaben,
bei Rechtschreibübungen, beim Vokabellernen ebenso wie beim Lösen mathe-
matischer Probleme. Lerntandems zwischen deutschen und ausländischen
Schülerinnen und Schüler können Fremdheit abbauen.

Schülerinnen und Schüler aus höheren Klassen können **Lernpartnerschaften** für
Mitschülerinnen und Mitschüler aus unteren Klassen übernehmen. Sie bieten zum
Beispiel zwei- bis dreimal pro Woche nach dem Unterricht Hausaufgabenhilfe
oder in bestimmten Fächern Lernhilfe für Jüngere an, einzeln oder in einer klei-
nen Gruppe. Die Lernhilfe soll die jüngeren Schülerinnen und Schüler im betref-
fenden Fach begleiten, Probleme klären und zusätzliche Übungen ermöglichen.
Lernpartnerschaften können auch speziell mit ausländischen Mitschülerinnen
und Mitschülern verabredet werden. Eine Lernpartnerschaft ist ein freiwilliges
Angebot. Wird es aber angenommen, muss es verbindlich eingehalten werden.
Die Erwartungen an die Möglichkeit von Lernpartnerschaften müssen allerdings
realistisch bleiben. Jugendliche können bei großen Lücken im Allgemeinen keine
Nachhilfe durch Fachleute ersetzen, und sie können bei Disziplinproblemen leicht
in Rollenkonflikte geraten.

Vom Bodyguard zum Buddy
Die umfassendste Unterstützung bietet das Buddy-Prinzip in Schulen. Der Name
kommt aus dem Amerikanischen und heißt so viel wie Kumpel oder Kamerad.
Buddys helfen, dass Mitschülerinnen und Mitschüler, die besonderer Unterstüt-
zung bedürfen, ihren Platz in der Klassengemeinschaft und in der Schule finden.
Buddys verstehen sich als Ansprechpartnerinnen und -partner in schwierigen

Lebens- und Lernlagen. Sie können von anderen um Unterstützung gebeten werden, werden aber auch von sich aus aktiv. Sie kümmern sich um Mitschülerinnen und Mitschüler, wenn sie ausgeschlossen werden oder sich ausschließen. Die Betroffenen können entscheiden, ob sie die Hilfe annehmen wollen.

Ein Beispiel: Ein Schüler kommt unregelmäßig – und wenn, dann oft verspätet – zur Schule. Ein Buddy fragt nach den Gründen, schlägt vor, ihn regelmäßig abzuholen oder ihm bei den Hausaufgaben zu helfen, damit er für den Unterricht besser vorbereitet ist.

Die Einführung von Buddy-Projekten wird von den Kultusministerien in Niedersachsen, Berlin und Hessen in Zusammenarbeit mit einer Stiftung des Mobilfunkunternehmens Vodafone unterstützt. Weitere Informationen hierzu gibt es im Internet: **www.buddy-ev.de**.

Heimliche Hilfe
Hilfe zu geben und Hilfe anzunehmen ist nicht immer leicht. Beim Heinzeln (Synonym für heimliches Helfen) kann beides eingeübt werden, weil es anonym geschieht. Ein Mädchen oder Junge kümmert sich für einen begrenzten Zeitraum heimlich um einen Jugendlichen, der zum Beispiel in der Gruppe von gemeinsamen Aktivitäten ausgeschlossen oder gemobbt wird. Die heimliche Unterstützung muss echt sein. Sie darf nicht aufgesetzt wirken, sonst bringt sie mehr Schaden als Hilfe. Heinzeln setzt besondere Aufmerksamkeit und Achtsamkeit für die Situation der Schützlinge voraus.

Heinzeln kann in der Gruppe eingeübt werden. Alle schreiben ihren Namen auf ein Stück Papier. Die Zettel werden gemischt. Jeder zieht einen und bemüht sich nun eine Woche lang, seinen Schützling besonders zu beachten und ihm unaufgefordert und unaufdringlich zu helfen. Nach der Woche wird im Plenum geklärt:
> Haben die Jugendlichen gemerkt, wer das Heinzelmännchen war?
> War es ihnen angenehm oder eher unangenehm?
> Welche Unterstützung war hilfreich?
> Wie könnte die Unterstützung verbessert werden?
> Wie haben sich die Heinzelmännchen gefühlt?
> Haben sie neues Verständnis für die anderen Jugendlichen entwickelt?

KAPITEL 9

Wie aus Fremden Freunde werden

Vorurteile abbauen und Toleranz fördern

Die Verschiedenheit der Menschen, unterschied-
liche Interessen und Bedürfnisse verursachen
häufig Konflikte. Werden diese Unterschiede
unterdrückt, sind Konflikte auf anderer Ebene
vorprogrammiert. Der bessere Weg ist, Ver-
schiedenheit wahrzunehmen, sie anzuerkennen
und schätzen zu lernen.

Schule ist eine Zwangseinrichtung. Eine Klasse oder eine Schule ist nicht von vornherein eine Gemeinschaft, sondern eine Ansammlung von Individuen mit unterschiedlichen Biografien und unterschiedlichen Erwartungen an den Schulbesuch. Auch in Vereinen und Jugendclubs kann man sich die anderen Jugendlichen oft nicht aussuchen. In den meisten Gruppen müssen die Teilnehmer und Teilnehmerinnen erst lernen, miteinander auszukommen, die Konkurrenz untereinander und die Angst voreinander auszuhalten.

Respektpersonen

Regen Sie die Jugendlichen an, ihre eigenen Erfahrungen zu überdenken, und fragen Sie sie, welche Menschen ihnen wichtig sind, wen sie respektieren, auch wenn sie mal anderer Meinung sind, welche Menschen sie auch gegen andere verteidigen würden und welche Gründe es dafür gibt.

Null oder voll tolerant?

Das Wort Toleranz wird abgeleitet vom lateinischen „tolerare". Das heißt ertragen und aushalten. Toleranz bedeutet folglich das Hinnehmen, Ertragen, Aushalten anderer Meinungen oder Menschen. Toleranz in Form von Gedanken-, Glaubens- und Gewissensfreiheit ist eine Voraussetzung für Demokratie. Wünschenswert wäre es allerdings, diese nicht nur zu erdulden, sondern sich auch mit den jeweils anderen Lebens- und Denkweisen auseinanderzusetzen.

In der gelebten Toleranz gibt es unterschiedliche Abstufungen:
> dulden, gewähren lassen,
> kennenlernen anderer Meinungen, Haltungen, Lebensformen,
> einfühlen oder hineindenken in andere Standpunkte und
> Akzeptanz und Verständnis entwickeln.

Toleranz bedeutet nicht, alles bedingungslos zu akzeptieren. Toleranz muss auch Grenzen haben, nämlich dort, wo demokratische oder moralische Grundwerte berührt werden.

Welche Werte sind wichtig?

Werte regeln das Zusammenleben in einer Gesellschaft. In einer offenen, von weltanschaulicher und religiöser Vielfalt geprägten Gesellschaft sind die Werte nicht mehr verpflichtend festgelegt. Welche Werte sind Jugendlichen wichtig? Gibt es gemeinsame Werte? Und welche Werte sind für eine Demokratie und ein demokratisches Zusammenleben unerlässlich?

Folgende Übung kann den Jugendlichen Gelegenheit geben, sich ihrer persönlichen Werte bewusst zu werden und zu klären, welche Werte für eine Demokratie unabdingbar sind.

Die Lerngruppe sammelt Begriffe zum Thema „Was ist mir in einer Gemeinschaft wichtig?" und schreibt diese jeweils einzeln auf eine Karteikarte oder einen Papierstreifen. Die Begriffe werden auf einer Wandzeitung befestigt. Jeder Teilnehmer und jede Teilnehmerin bekommt nun hundert Punkte und verteilt diese auf die Werte, je nachdem, welche Werte ihm oder ihr am wichtigsten sind. Entsprechend ihrem Punktwert werden die Werte anschließend sortiert und bilden so eine Wertepyramide. Die Wertepyramide kann verglichen werden mit dem Ergebnis einer Repräsentativbefragung, bei der im Juli 2006 zweitausend Menschen ab 14 Jahren in Deutschland Auskunft gaben:

Ehrlichkeit	79 %	Fleiß	57 %
Selbstständigkeit	65 %	Toleranz	56 %
Verlässlichkeit	64 %	Pflichterfüllung / -bewusstsein	55 %
Hilfsbereitschaft	64 %	Richtiges Benehmen / Anstand	61 %
Gerechtigkeitsgefühl	55 %	Verantwortungsbereitschaft	60 %
Vertrauenswürdigkeit	52 %	Freundlichkeit	60 %
Kontaktfähigkeit	52 %	Höflichkeit	59 %
Durchsetzungsvermögen	50 %	Kritikfähigkeit	39 %

Nach: Bundesministerium für Familie, Senioren, Frauen und Jugend (Herausgeber): Monitor Familienforschung. Ausgabe 7: Wertorientierte Erziehung in Deutschland. Berlin 2006, Seite 3.

Beim Auswertungsgespräch sollten zum Beispiel folgende Fragen geklärt werden:
> Welche Werte stehen ganz oben?
> Welche Werte will ich haben?
> Wie wichtig sind diese Werte für die anderen?
> Was bedeutet dieses Ergebnis für unser Zusammenleben?
> Fehlen wichtige demokratische Werte? Welche?

Von Vorurteilen

Vorurteile sind vorgefasste Meinungen oder Einstellungen bezüglich eines Menschen oder eines Sachverhalts – ohne dass ausreichend objektive Informationen über den Menschen oder Sachverhalt vorhanden sind oder von den Urteilenden berücksichtigt werden. Vorurteile sind relativ starre Einstellungen, die oft auch trotz neuer Informationen über den Menschen oder den Sachverhalt aufrechterhalten werden und schwer zu verändern sind.

Deshalb ist es besonders wichtig, dass Vorurteile frühzeitig offengelegt und aufgearbeitet werden. Denn vor dem Vorurteil gibt es so etwas wie „vorläufige Urteile" oder „Voraus-Urteile". Diese sind reversibel und bei Jugendlichen häufig noch nicht zum Vorurteil verfestigt. Hier haben Eltern, Schule und Jugendeinrichtung noch bedeutsame Möglichkeiten und besondere Verpflichtungen.

Menschen oder Sachverhalte zu beurteilen, ohne sie genau zu kennen ist zunächst etwas ganz Normales. Voraus-Urteile sind ein Aspekt unserer Tendenz, die soziale Umgebung zu ordnen und zu kategorisieren, um so ihre Komplexität zu reduzieren und sie dadurch leichter erfassbar zu machen. Vorurteile gegen Fremdes entstehen unter anderem durch Unwissenheit, Angst oder Desinteresse.

Vorurteile und Diskriminierungen gründen in einer dem Bewusstsein nur schwer zugänglichen Angst vor dem Fremden. Sie kommen in vielfältiger Weise zum Vorschein und werden selten genauer betrachtet und in Frage gestellt. Erst wenn ich mich mit einem Menschen oder einem Sachverhalt auseinandergesetzt habe, kann aus meinem Voraus-Urteil ein Urteil werden. Kritische Urteile und Ablehnung sind nicht verboten. Nicht alles muss toleriert werden. Allerdings muss man dabei zwischen dem Menschen und dessen Einstellung und seinem Verhalten trennen können.

Jugendliche sollen lernen,
> einfache Vorurteile und Feindbilder in Alltagssituationen zu erkennen, und die
> Bereitschaft entwickeln, ihre Sichtweise zu verändern,
> andere Menschen nicht aufgrund ihrer Andersartigkeit auszugrenzen und zu diffamieren, sondern
> sich um Verständnis für andere Menschen zu bemühen.

Vorsicht, Vorurteil!

Als Einstieg sollen die Jugendlichen – zunächst für sich – ohne lange nachzudenken folgende Sätze vervollständigen:

Lehrer sind ...
Frauen am Steuer sind ...
Arbeitslose sind ...
Muslime sind ...
Männer mit Glatze sind …
Berufstätige Frauen sind ...
Manager sind ...
Hausfrauen sind ...

Die Liste sollte je nach Vorurteilen, die in der Lerngruppe häufig zu hören sind, ergänzt oder verändert werden. Im Auswertungsgespräch werden dann die Satzergänzungen verglichen. Zeigen sich für bestimmte Gruppen „Voraus-Urteile"? Halten sie der Realität stand? Woher kommen diese „Voraus-Urteile" wohl? Wie können sie überprüft werden?

„Alle Polen klauen"

Vorurteile gegen Ausländer sind weit verbreitet. Dafür gibt es viele Gründe:
> Mitglieder der eigenen Gruppe werden differenzierter wahrgenommen.
> Mitglieder fremder Gruppen werden nicht nur weniger differenziert, sondern auch extremer beurteilt – im Negativen, aber auch im Positiven.
> Ausländer sind nicht gleich Ausländer. Vorurteile werten insbesondere die ethnischen Gruppen ab, die eine große erfahrungsmäßige Distanz zum eigenen Lebensraum haben.
> Vorurteile haben eine Entlastungsfunktion. Die eigenen Schwierigkeiten werden auf einen anderen Menschen, den Sündenbock, übertragen.
> Negative Bewertungen der fremden Gruppe haben eine integrierende Funktion für die eigene Gruppe.

Ausländerfeindliche Einstellungen können schon bei Jugendlichen ein besonderes Problem sein. Dieselben Jugendlichen haben im sozialen Binnenbereich gleichzeitig aber oft ein akzeptierendes Verhältnis zu ausländischen Jugendlichen entwickelt, zum Beispiel in der Nachbarschaft, im Sportverein oder in ihrer Klasse.

Arbeitsblatt 10: Fremde Freunde

Suche jemanden, der …

… schon einmal in ein fremdes Land gereist ist.

Wer:	Land:

… in einer Familie lebt, in der mehr als eine Sprache gesprochen wird.

Wer:	Land:

... selbst Ausdrücke benutzt, die aus der Sprache eines anderen Landes kommen.

Wer:	Land:

... Verwandte in einem anderen Land hat.

Wer:	Land:

… Fan einer Musikgruppe aus einem anderen Land ist.

Wer:	Land:

… ein Kleidungsstück trägt, das in einem anderen Land hergestellt wurde.

Wer:	Land:

… ein Lieblingsgericht hat, das aus einem anderen Land kommt.

Wer:	Land:

… ein Auto fährt, das aus einem anderen Land kommt.

Wer:	Land:

… eine Sportlerin, einen Sportler oder einen Verein aus einem anderen Land bewundert.

Wer:	Land:

… eine Freundin oder einen Freund hat, die oder der aus einem anderen Land kommt.

Wer:	Land:

… erst kürzlich einen Film gesehen hat, der in einem anderen Land produziert wurde.

Wer:	Land:

… ein Gerät oder ein Werkzeug besitzt, das in einem anderen Land hergestellt wurde.

Wer:	Land:

… einen Nachbarn hat, der aus einem anderen Land kommt.

Wer:	Land:

… davon träumt, Urlaub in einem anderen Land zu machen.

Wer:	Land:

Dieser Sachverhalt eröffnet die Chance, Verständnis für Ausländer dadurch zu fördern, dass der Blick auf die konkrete Situation von Menschen gelenkt wird, die bei einer abstrakten Herangehensweise an das Problem allzu leicht vergessen wird. Übungen, die das Sich-Hineinversetzen in Ausländer oder die eigene Nähe zu Fremdem ermöglichen, bieten die Möglichkeit, die eigene Sichtweise zu relativieren und Empathie zu fördern.

Sind Franzosen sympathisch?

Zeigen Sie den Schülerinnen und Schülern den Text „Meine Freunde" mit Ausnahme der letzten Zeile auf dem Tageslichtprojektor.

Die Jugendlichen erhalten den Auftrag, den Text alleine oder in Partnerarbeit sinnvoll zu beenden. Anschließend werden die Vorschläge im Plenum diskutiert. In einem zweiten Schritt wird die letzte Zeile aufgedeckt und diskutiert. Fragen Sie, ob es richtig ist, nur die Freunde sympathisch zu finden. Ist nicht schon die Fragestellung falsch? Kann man eine ganze Nation sympathisch finden?

Nach: amnesty international (Herausgeberin): Unterrichtspraxis Menschenrechte, „Toleranz" 2/ 97. Solothurn 1997.

Tabus sind tabu

Beim Thema Vorurteile sollten die Jugendlichen ermutigt werden, alle Fragen zu stellen, die sie bewegen. Denn oft werden aus falschem Toleranzverständnis bestimmte Themen tabuisiert. Das aber führt viel eher zu Vorurteilen und Ablehnung als zu offenen Aussprachen. Es ist legitim zu fragen:

> Warum ist ein Mensch behindert?
> Warum sieht er so komisch aus, warum bewegt er sich so?
> Warum hat ein Mensch keine Arbeit?
> Warum kommen Ausländer nach Deutschland?
> Warum bekommen Asylbewerber hier finanzielle Unterstützung?
> Warum werden Ausländer in Deutschland kriminell?

Sie selbst müssen keine Antworten auf alle Fragen wissen. Aber Sie sollten gemeinsam mit der Lerngruppe nach Antworten suchen, in Lexika, in Fachliteratur, im Internet, bei Fachleuten und bei den Betroffenen selbst.

TIPP

Meine Freunde
von Louis Bromfield

Zwei Männer saßen zusammen. Der eine fragte den anderen:

„Sind Ihnen die Amerikaner sympathisch?"

„Nein", antwortete der zweite Mann mit Nachdruck.

„Sind Ihnen die Franzosen sympathisch?" wollte der erste wissen.

„Nein", entgegnete der andere mit gleicher Entschiedenheit.

„Die Engländer?"

„Nein."

„Die Russen?"

„Nein."

„Die Deutschen?"

„Nein."

Eine Pause trat ein, der erste Mann hob sein Glas an den Mund und fragte schließlich:

„Wer ist Ihnen denn sympathisch?"

„Meine Freunde", kam ohne zu zögern die Antwort.

Dicke Freunde

Überlegen Sie gemeinsam mit Ihrer Lerngruppe, welche Menschen ihnen wichtig sind. Welche Menschen respektieren die Jugendlichen, auch wenn sie mal anderer Meinung sind? Welche Menschen würden sie gegen andere verteidigen, und welche Gründe gibt es dafür?

Bitten Sie die Jugendlichen, folgende Fragen zu beantworten:
> „Wer hat eine beste Freundin oder einen besten Freund?"
> „Was macht sie oder ihn aus?"
> „Woran merkst du das?"

Die Antworten werden im Plenum besprochen. In einer zweiten Runde können Sie folgende Frage bearbeiten: „Was tust du, damit deine Freundschaft hält?"

Die Antworten werden einzeln auf Papierstreifen geschrieben und auf einer Wandzeitung gesammelt. Zum Beispiel:
> freundlich sein
> zuhören
> nicht kränken
> viel zusammen sein
> sich gegenseitig helfen
> ihr oder ihm zuliebe bei Dingen mitmachen, die man selbst nicht so gern mag
> Interessen teilen
> Geheimnisse bewahren
> Mut machen
> gegen andere verteidigen

Fremde werden Freunde

Die Erfahrungen aus der vorhergehenden Übung können genutzt werden, um folgende Frage zu bearbeiten: „Was kann man tun, um Fremde besser kennenzulernen und vielleicht neue Freundinnen und Freunde zu gewinnen?"

Hierzu sollen die Jugendlichen alle Ideen in einem Brainstorming zusammentragen. Das heißt: alle Ideen, auch wenn sie sich noch so merkwürdig anhören. Erst in einem zweiten Schritt werden die Vorschläge daraufhin überprüft, ob sie machbar sind. In einem dritten Schritt sollte geklärt werden, wer was bis wann ausprobiert. Mögliche Ideen sind:

> Fremde einfach ansprechen
> jemandem helfen
> etwas fragen
> jemanden anlächeln
> bewusst Kontakt zu einem ausländischen Mädchen oder
  einem ausländischen Jungen suchen
> jemanden um Hilfe bitten
> Freunde aus verschiedenen Gruppen zusammenbringen

Legen Sie mit Ihrer Lerngruppe konkret fest, wer welche Kennenlern-Methode bis wann ausprobiert. Nach dem festgelegten Zeitraum wird darüber gesprochen:

> Was hat geklappt?
> Was war schwierig?
> Was war leichter als gedacht?

KAPITEL 10

Streiten
will gelernt sein

Konstruktive Konfliktregelungen einführen

Konflikte werden häufig als etwas Negatives angesehen, das möglichst unterdrückt oder doch schnell beendet werden muss. Jugendliche müssen lernen, offensiv mit Konflikten umzugehen und dadurch die Angst vor Konflikten zu verlieren. Sie müssen geeignete Methoden kennenlernen, um Konflikte konstruktiv zu bearbeiten und zu lösen.

Konflikte konstruktiv lösen

Unter einem Konflikt versteht man im Allgemeinen den Widerstreit von Interessen. Überall dort, wo Menschen miteinander zu tun haben, mit ihrer Verschiedenartigkeit, ihren unterschiedlichen Bedürfnissen, Reaktionsweisen, Meinungen und Zielen aufeinandertreffen, wird es zu Konflikten kommen. Das Wort Konflikt hat seinen Ursprung im lateinischen Begriff „confligere". Das heißt zusammenstoßen und in Kampf geraten. In der Tat lösen Konflikte häufig heftige Auseinandersetzungen aus – es kommt zum Streit.

Jugendliche gehen in der Regel davon aus, dass Streiten etwas Schlechtes ist und so schnell wie möglich unterbunden werden sollte. Sie haben gelernt, dass Streit durch Autorität und Gehorsam beendet wird. Eltern, Erzieherinnen, Lehrkräfte und andere Erwachsene setzen die Regeln, klären die Schuldfrage und strafen die Schuldigen: „Was war da los?" „Wer hat angefangen?" Bei – nach Meinung der Erwachsenen – kleineren Streitigkeiten folgt im Allgemeinen eine Ermahnung und die Aufforderung zu einer formellen Beendigung des Streits: „Entschuldige dich. Gebt euch die Hand."

Bei dieser Art der Konfliktlösung gibt es immer Sieger und Verlierer. Beide Konfliktparteien werden bestrebt sein, bei den betreffenden Erwachsenen in einem guten Licht zu erscheinen und zu den Siegern zu gehören. Die Verlierer erleben Ärger, Wut und Enttäuschungen. Spannungen bleiben erhalten, und es ist abzusehen, wann der nächste Streit, meist aus nichtigem Anlass und heftiger als zuvor, ausbricht. Ein solches Vorgehen führt dazu, dass die Konflikte, die Auslöser waren, nicht aufgedeckt, geschweige denn gelöst werden. Es besteht die Gefahr, dass immer wieder dieselben Jugendlichen zu Verlierern werden, auch wenn ihnen gar keine „Schuld" nachzuweisen ist: „Schon wieder du." Dadurch kann Gewaltbereitschaft ausgelöst und ein vorhandenes Gewaltpotenzial verstärkt werden.

INFO

So können Konflikte ausgehen

Verlierer – Verlierer

Beide werden zu Schuldigen erklärt oder erleiden eine psychische Verletzung. Beide bleiben mit Wut, Enttäuschung, Demütigung zurück. Die Beziehung zum Konfliktgegner wird nicht verbessert. Manchmal aber schließen sich auch beide zusammen und richten ihre negativen Gefühle auf den schlichtenden Erwachsenen.

Verlierer – Gewinner

Einer gewinnt. Bei dem Unterlegenen werden Unmutsgefühle bis hin zu Rachegefühlen zurückbleiben. Der Konflikt wird sich dann zu einem späteren Zeitpunkt fortsetzen, eventuell auch mit anderen Menschen, die am ursprünglichen Konflikt gar nicht beteiligt waren.

Gewinner - Gewinner

Hier gelingt es, den Konflikt zu lösen. Beide wahren ihr Gesicht. Im günstigsten Fall lernen sie, mehr Verständnis füreinander zu haben. Ihre Beziehung verbessert sich.

Mediation meistern

Eine konstruktive Form der Konfliktlösung will Jugendliche zu verantwortlichem Handeln, zu Toleranz und zu Verständigungsbereitschaft führen. Grundlegend ist dafür das Prinzip der Mediation.

Mediation enthält das lateinische Wort „medium", das so viel wie Mitte, Mittler oder Vermittlung bedeutet. Damit verweist der Begriff auf wichtige Merkmale der Mediation: Es wird auf eine Vermittlung zwischen den Konfliktparteien hingearbeitet, bei der beide gewinnen. Der Schlichtungsprozess wird durch eine Mediatorin oder einen Mediator, das heißt eine Fachkraft für Vermittlung, moderiert, die dafür sorgt, dass beide Konfliktparteien ihren Streit analysieren und ihn als Chance verstehen lernen, Lösungswege einvernehmlich auszuprobieren. Für eine konstruktive Konfliktlösung sind vor allem folgende Überlegungen wichtig:

Zwischen Mensch und Problem unterscheiden

Konstruktive Konfliktlösung bedeutet, eine Lösung für das Problem zu suchen und hoffentlich auch zu finden, ohne den Menschen gegenüber anzugreifen.

Zwischen Argumenten und Bedürfnissen unterscheiden

Geht man nur von den Argumenten aus, die zu Beginn eines Konflikts vorgetragen werden, ist eine einvernehmliche Lösung, bei der beide gewinnen, in der Regel nicht möglich. Betrachtet man dagegen die dahinter liegenden Bedürfnisse, besteht die Chance, für den anderen Menschen Verständnis aufzubringen. Es wird dann leichter, tatsächlich eine Lösung zu finden.

Die verschiedenen Ebenen eines Konflikts beachten

Bei Konflikten geht es oft gar nicht um den vordergründigen Streitgegenstand, sondern eigentlich um etwas ganz anderes, zum Beispiel um lange zurückliegende, ungelöste Konflikte, um Missverständnisse oder Machtkämpfe. Wenn diese verschiedenen Ebenen erkannt und getrennt behandelt werden können, wird es sehr viel leichter, den Konflikt zu bearbeiten.

Die Kommunikation im Konflikt aufrechterhalten oder wiederherstellen

Je weiter ein Konflikt eskaliert, desto ungenauer und vorurteilsbeladener wird die Kommunikation zwischen den Beteiligten. Ein wesentliches Element der Konfliktbearbeitung ist deshalb, die Kommunikation zwischen den Beteiligten nicht abreißen zu lassen oder wieder möglich zu machen.

Nach neuen Lösungen suchen

Für viele Konflikte gibt es nicht nur die Lösung der einen oder der anderen Konfliktpartei, sondern vielleicht eine ganz andere. Oft ist schon viel erreicht, wenn die am Konflikt Beteiligten sich darauf einlassen, gemeinsam nach anderen Lösungsmöglichkeiten zu suchen, statt alle Kraft darauf zu verwenden, ihre ursprünglich eingenommene Position durchzusetzen.

Dafür oder dagegen?

Zur Bearbeitung einer Streitfrage wird eine Pro-Kontra-Diskussion geführt. Die Lerngruppe teilt sich in zwei Parteien. Eine Gruppe sammelt Pro-Argumente, die andere Kontra-Argumente – unabhängig von der eigenen Meinung zu der Streitfrage. Anschließend werden die Pro- und Kontra-Argumente auf zwei Wandzeitungen einander gegenübergestellt und diskutiert. Zusätzlich können die Pro- und Kontra-Standpunkte noch einmal durch je ein Mitglied der jeweiligen Gruppe zusammenfassend vorgetragen werden.

Dann wird abgestimmt: Welche Argumente sind überzeugender? Wofür entscheiden sich die Jugendlichen? Gibt es eine Tendenz in der Gruppe, sich eher für die eine oder die andere Seite zu entscheiden? Weitere Fragen sollten diskutiert werden: Ist eine Entscheidung überhaupt notwendig? Welche Konsequenzen hätte eine Entscheidung? Gibt es auch Streitfragen, die nicht ausdiskutiert werden können? Können nicht gegensätzliche Argumente und Sichtweisen auch nebeneinander Bestand haben, ohne dass darüber gestritten werden muss? Können wir nicht einfach akzeptieren, dass andere eine andere Meinung haben?

„Was ist da eigentlich los?"

Ein Konflikt wird vorgespielt. Dies kann ein Film sein oder ein Rollenspiel nach einer Textvorlage. Die Jugendlichen werden aufgefordert, den Konflikt genau zu beobachten. Anschließend sollten Sie fragen: Worum ging es eigentlich in dem Konflikt? Wie wurde er ausgetragen? Wie ging der Konflikt aus? Wie fühlten sich wohl die am Konflikt Beteiligten? War es ein typischer Konflikt zwischen Jugendlichen? Gibt es solche typischen Konfliktsituationen überhaupt? Wenn ja, welche? Die Jugendlichen können außerdem einen Konflikt, den sie selbst schon einmal erlebt haben, in einem Rollenspiel nachstellen. Die anderen sollten den vorgespielten Konflikt genau beobachten und die oben formulierten Fragen beantworten. Zur Konfliktbeobachtung kann auch das Arbeitsblatt „Konflikte beobachten" verwendet werden.

Rollentausch

Die Gruppe sitzt im Kreis. In der Mitte sitzen sich zwei Jugendliche gegenüber, die einen Konflikt lösen sollen. Die beiden werden nun aufgefordert, sich in den jeweils anderen gedanklich hineinzuversetzen und den Konflikt aus dessen Perspektive vorzutragen.

Die beiden Konfliktparteien sollen dann versuchen, eine gemeinsame Konfliktlösung zu finden, wobei sie stets dabei bleiben müssen, die Position des anderen zu vertreten. Die Jugendlichen, die den Kreis bilden, dürfen helfend eingreifen, wenn das Gespräch ins Stocken gerät oder die beiden aus der Rolle fallen.

Fragen Sie nach, wie schwierig es ist, die Position der anderen Partei zu vertreten. Welche Gefühle löst die Übung bei beiden Konfliktparteien aus? Gelingt es, eine Konfliktlösung zu finden, mit der beide zufrieden sind?

Arbeitsblatt 11: Konflikte beobachten

Beobachte einen Konflikt bei anderen, oder denke an einen Konflikt, an dem du selbst beteiligt warst. Schreibe möglichst unmittelbar nach dem Konflikt auf, was passiert ist, und beantworte die folgenden Fragen:

Was ist passiert?

Was war der Anlass?

Wie wurde der Konflikt ausgetragen?

- ◯ Schlägerei
- ◯ Anschreien
- ◯ Beleidigtsein
- ◯ nicht mehr miteinander sprechen
- ◯ Gespräch
- ◯ Eingreifen von Erwachsenen
- ◯ anders, nämlich durch

Wie ging der Konflikt aus?

- ◯ eine/r hat gewonnen/bekam Recht
- ◯ eine/r hat verloren/wurde bestraft
- ◯ beide wurden bestraft
- ◯ niemand hat verloren, die Lösung war für beide gut

Mit kühlem Kopf

Eine Konfliktlösung kann erst dann gelingen, wenn die Emotionen verraucht sind. Vor jeder Konfliktlösung empfiehlt es sich deshalb, den Konflikt möglichst in Ruhe noch einmal vor dem inneren Auge Revue passieren zu lassen und für sich selbst ein schriftliches Konfliktprotokoll zu erstellen, das Antworten auf folgende Fragen gibt:

> Mit wem habe ich gestritten?
> Was wollte ich erreichen?
> Was wollte die oder der andere erreichen?
> Was habe ich gesagt und/ oder getan?
> Was hat die oder der andere gesagt und/ oder getan?
> Wie fühle ich mich jetzt?
> Wie könnte sich die oder der andere jetzt fühlen?
> Was könnte ich tun, um den Streit zu beenden?
> Was könnte die oder der andere tun, um den Streit zu beenden?

Mit den Konfliktprotokollen können die Konfliktparteien versuchen, eine gemeinsame Lösung zu finden. Erst wenn das nicht gelingt, sollten Vertrauenspersonen aus der Gruppe oder Lehrkräfte um Unterstützung gebeten werden.

INFO

Warum Schlichtung in der Schule?

> Schülerinnen und Schüler werden befähigt, auf Gewalt als Mittel zum Austragen von Konflikten zu verzichten und Konflikte eigenverantwortlich zu lösen.
> Lehrkräfte werden befähigt, auf Konflikte angemessen zu reagieren.
> Formen konstruktiver Konfliktlösung werden in den allgemeinen Unterricht, in den Ablauf des Schulalltags und das Schulleben integriert und so zu einem Teil einer gewaltfreien Schulkultur gemacht.
> Es wird ein Bewusstsein für kreative Konfliktlösungsansätze als Teil einer neuen Streitkultur geschaffen, um in Konfliktsituationen Gestaltungsfreiheit bewahren zu können.

Film ab für eine Mediation!

In der Regel verläuft ein Mediationsprozess in sechs Phasen:

Klappe 1
Regeln und Ziele klären
> Jeder und jede wird begrüßt und den oder dem jeweils anderen vorgestellt.
> Die Ziele der Mediation werden verdeutlicht.
> Die Konfliktparteien selbst suchen eine Lösung, die beide zufriedenstellt.
> Mediatorin oder Mediator helfen bei der Konfliktlösung, sie lösen aber nicht stellvertretend den Konflikt.
> Es wird Vertraulichkeit zugesichert.
> Der Ablauf des Mediationsverfahrens wird erklärt.
> Gesprächsregeln werden vereinbart, zum Beispiel: einander zuhören, sich nicht gegenseitig unterbrechen oder beschimpfen.

Klappe 2
Sachverhalte und Sichtweisen der Konfliktparteien klären
> Die jeweiligen Standpunkte werden vortragen.
> Es wird über Motive gesprochen.
> Die eigenen Anteile am Konflikt sollen erkannt und ausgesprochen werden.
> Der Mediator oder die Mediatorin wiederholt, fasst zusammen und fragt nach.

Klappe 3
Den Konflikt erhellen
> Es wird über Motive und Gefühle gesprochen.
> Die Streitenden sollen versuchen, sich in die Motive und Gefühlslage der jeweils anderen Konfliktpartei hineinzuversetzen.
> Wichtig ist es, die augenblickliche Stimmung und Gefühle mitzuteilen.

Merke
In dieser Phase kann es hilfreich sein, das Mediationsgespräch zu unterbrechen und Einzelgespräche mit den Konfliktparteien zu führen, zum Beispiel dann, wenn eine oder beide (noch) nicht in der Lage sind, die Perspektive der anderen einzunehmen oder sich nicht trauen, offen zu sprechen.

Klappe 4

Eine Lösung des Problems suchen

> Es wird über Lösungsmöglichkeiten nachgedacht.
> Die Vorschläge werden bewertet und ausgewählt.
> Die Konfliktparteien verständigen sich auf eine einvernehmliche Lösung.
> Die Lösung wird schriftlich formuliert.

Klappe 5

Vereinbarung treffen und dokumentieren

> Es wird schriftlich vereinbart, wie die Lösung des Konflikts umgesetzt werden soll.
> Die Vereinbarung wird von allen unterschrieben. Allen Beteiligten wird eine Kopie ausgehändigt.
> Es wird ein Termin für ein Kontrollgespräch vereinbart.

Klappe 6

Den Erfolg der Vereinbarung überprüfen

> Der Konflikt wird als erfolgreich beendet erklärt.
> Oder: Die Vereinbarung wird verändert, ein neues Verfahren eingeleitet, ein anderes Verfahren zur Konfliktlösung vorgeschlagen oder in Gang gesetzt.

Schritte zur Schlichtung

> Die Schulkonferenz führt ein Schüler-Konfliktmanagement ein.
> Die Prinzipien der konstruktiven Konfliktlösung werden im Kollegium bekannt gemacht.
> Zwei Lehrkräfte, möglichst eine Frau und ein Mann, übernehmen die Betreuung und Begleitung des Projekts für die Schülerinnen und Schüler.
> Ein auf die Schule zugeschnittenes Konzept wird erarbeitet. Dabei müssen auch die Kriterien geklärt werden, nach denen die Streitschlichterinnen und Streitschlichter ausgewählt werden (Mädchen und Jungen, Deutsche und Ausländer, Jugendliche aus jeder Jahrgangsstufe).
> Die Prinzipien der konstruktiven Konfliktlösung werden in allen Klassen eingeführt und sollten auch im Lehrerkollegium, für Konflikte zwischen Schülern und Lehrkräften sowie zwischen Lehrkräften und Eltern, gelten.
> Die Klassen wählen ihre Streitschlichterinnen und Streitschlichter.
> Diese Schülerinnen und Schüler werden in einem Seminar auf ihre Aufgabe vorbereitet. Einen Schwerpunkt bildet die Gesprächsführung.

> Die Schule stellt der Streitschlichtungsgruppe Raum und Zeit bereit.
> Schulleitung, Kollegium, Schülervertretung und Eltern nehmen die Arbeit der Streitschlichter ernst.
> Die Mitglieder der Streitschlichtungsgruppe erhalten regelmäßig Fortbildungen und Supervision.
> Zu Beginn jedes neuen Schuljahrs werden neue Streitschlichterinnen und Streitschlichter ausgebildet.

Sonderfall Schule

Die Rahmenbedingungen des Systems Schule lassen der Konfliktlösung durch Schülerinnen und Schüler nur einen begrenzten Spielraum. Eine Streitschlichtung durch Jugendliche selbst wird schwierige Gewaltfälle nicht lösen können.

Schülerinnen und Schülern, die sich gewalttätig verhalten haben, kann der Weg zur Streitschlichtung nicht von Schulleitung oder Lehrkräften befohlen werden. Die Inanspruchnahme der Streitschlichtung muss freiwillig sein.

Viele Schulen tun sich schwer damit, die Prinzipien der Mediation als Grundlagen für die Konfliktlösung für alle Menschen in der Schule anzuerkennen. Diese Prinzipien sollten nicht nur für Schülerinnen und Schüler gelten, sondern auch für Erwachsene und für Konflikte zwischen Jugendlichen und Erwachsenen.

Solange Streitschlichter die einzigen Ämter sind, die Schülerinnen und Schüler in einer Schule wahrnehmen können, werden sie sich nur schwer durchsetzen. Streitschlichterprogramme müssen Teil einer Schulkultur sein, in der es ausdrücklich erwünscht ist, dass Schülerinnen und Schüler auch in anderen Bereichen Verantwortung übernehmen.

Streitschlichterprogramme entlasten Lehrkräfte nicht von ihrer Verantwortung, sondern schaffen neue Verantwortung. Lehrerinnen und Lehrer müssen die Streitschlichter ausbilden und sie vor Überforderung schützen. Die ist beispielsweise immer dann gegeben, wenn das Moralsystem der Jugendlichen und das der Erwachsenen im Widerspruch stehen.

Protokoll einer Schlichtung

Konfliktpartei A

Konfliktpartei B

Schlichterin

Schlichter

Datum der Schlichtung

Kurze Beschreibung des Konflikts:

Vereinbarung

Der Kontrolltermin ist vereinbart für: (Datum, Uhrzeit, Ort)

Unterschriften:

Konfliktpartei A

Konfliktpartei B

Schlichterin

Schlichter

Ergebnis der Kontrolle:

☐ Der Konflikt ist gelöst.   ☐ Der Konflikt ist noch nicht gelöst.

Neuer Termin: (Datum, Uhrzeit, Ort)

Anderes:

KAPITEL 11

„Wir brauchen mal wieder einen starken Führer"

Extremismus begegnen

Rechtsextreme Ansichten sind in der Mitte der Gesellschaft angekommen. Etwa jeder vierte Deutsche stimmt ausländerfeindlichen Meinungen zu. Die Ansichten kommen inzwischen in allen Schichten, Regionen und Altersgruppen vor. Das sind die im Dezember 2006 vorgestellten Ergebnisse einer Studie der Universität Leipzig, die die Friedrich-Ebert-Stiftung in Auftrag gegeben hatte.

Wie erkennt man Extremismus?

Links- und Rechtsextremismus ähneln sich in ihren Strukturen: Beide lehnen die freiheitlich demokratische Grundordnung ab und wollen den demokratischen Verfassungsstaat beseitigen. Damit wenden sie sich gegen das Mehrparteien-system und das Recht auf Opposition. Beide Gruppierungen besitzen außerdem ein hohes Maß an ideologischem Gedankengut und greifen auf Freund-Feind-Stereotypen zurück. Die beiden extremistischen Lager benötigen sich gegenseitig, denn die Warnung vor der anderen Seite rechtfertigt die eigene Existenz.

Linksextremismus

Ziel der linksextremen Szene ist es, ein kommunistisches System zu etablieren (revolutionär-marxistisch) oder eine herrschaftsfreie, anarchistische Gesellschaft zu schaffen (Autonome). Zunehmend organisierte Strukturen finden sich in der „Antifa"-Bewegung, die sich dem Kampf gegen tatsächliche und vermeintliche Rechtsextreme („Faschos") verschrieben hat. Unterstützt wird die Antifa durch eine meist jugendliche Sympathisantenszene.

Die Autonomen wählen Gewalt als politisches Mittel und bezeichnen diese häufig als gerechtfertigte Gegengewalt gegenüber Staat und Rechtsextremen. Zu den Gewalttaten zählen Sachbeschädigungen gegen Unternehmen und Banken, An-griffe auf politische Gegner und Körperverletzungen. Ihre Anhänger mobilisieren die Linksextremisten durch populistisch aufbereitete, aktuelle Themen wie das Vorgehen gegen rechtsextreme Gruppen oder die in ihren Augen rassistische Asylpolitik des Staates, den Widerstand gegen die Nutzung der Atomkraft, gegen Globalisierung, Gentechnologie und städtebauliche Umstrukturierungen.

Die kommunistische Gruppierung „mg – Militante Gruppierung" beispielsweise hatte sich im März 2007 bezichtigt, einen Anschlag auf die Büros der Italienischen Handelskammer und des türkischen Unternehmerverbandes Tüsiad in Berlin begangen zu haben. In ihrem Bezichtigungsflugblatt bezogen sich die Verfasser ausdrücklich auf eine Kapitalismus-Kritik des früheren RAF-Terroristen Christian Klar. Auch die Straßenschlachten Anfang des Jahres 2007 in Kopenhagen, die sich jugendliche Demonstranten mit der Polizei im Zuge der Räumung eines Jugendzentrums lieferten oder die alljährlichen Krawalle am 1. Mai in Berlin zeugen von einem großen Gewaltpotential innerhalb der linksextremen Szene.

Nach: www.faz.net, 28. März 2007

Rechtsextremismus

Die rechtsextreme Szene ist der Überzeugung, dass die Zugehörigkeit zu einer Nation, Ethnie oder Rasse über den Wert eines Menschen entscheidet. Ihr Ziel ist es, einen totalitären Staat nationalsozialistischer Prägung auf der Grundlage eines Elite- oder Führerprinzips nach dem Muster des Dritten Reichs aufzubauen. Die Anhänger der Neonaziszene zeichnen sich eher durch zielgerichtete politische Aktivitäten aus, während die jugendliche Subkultur der rechtsextremen Skinheads eher zu spontanen, ausländer- und minderheitenfeindlichen Gewalttaten neigt.

Über die Sympathisierung mit ausländerfeindlichen Meinungen finden viele Jugendliche den Einstieg in die rechtsextreme Szene. Auch gemeinschaftliche Symbole und Musik spielen hier eine bedeutende Rolle. Songtexte prägen und verfestigen typisierte Feindbilder. Die demonstrative Gruppenbildung der Rechtsextremen in der Öffentlichkeit festigt das „Wir-Bewusstsein" und steigert das Selbstwertgefühl der einzelnen Gruppenmitglieder.

Rechtsextremismus ist keine bloße Randerscheinung, sondern betrifft immer mehr Jugendliche. Eine monokausale Erklärung greift hiefür nicht, vielmehr haben Untersuchungen ergeben, dass vielfältige soziale und persönlichkeitsspezifische Merkmale bei Rechtsextremen aufeinandertreffen: Oft fehlt oder fehlte ein positives männliches Vorbild in der Familie, sie fühlen sich weniger akzeptiert, sind verschlossener und misstrauischer, besitzen ein geringes Selbstwertgefühl, leiden unter dem Gefühl politischer Einflusslosigkeit, neigen wenig zur Selbstreflexion und identifizieren sich mit den Werten der „Macho"-Kultur. Die Bekämpfung des Rechtsextremismus muss daher auf vielen verschiedenen Ebenen stattfinden, wobei der der Schule als Sozialisationsinstanz eine bedeutende Rolle zukommt.

Nach: Bundesamt für Verfassungsschutz, www.verfassungsschutz.de

Vorbilder sind gefragt

Lehrkräfte und Gruppenleiter müssen zunächst ihr eigenes Selbstverständnis klären. Denn in die Auseinandersetzungen mit fremdenfeindlichen und rechtsextremen Positionen können sie mit Aussicht auf Erfolg nur auf der Grundlage reflektierter und gefestigter politischer und moralischer Orientierungen eintreten.

Sie sollten mit ihrem Verhalten und ihren Handlungen jegliche Diskriminierung von Menschen oder Gruppen aufgrund von Rasse, Hautfarbe, Geschlecht,

Religion, sexueller Orientierung, nationaler Herkunft oder eines anderen Merkmals verhindern oder beenden. Sie müssen auch bei sich selbst auf die vielfältigen Praktiken der alltäglichen Diskriminierung achten.

Lehrkräfte brauchen ein umfassendes Wissen über Rechtsextremismus und die zugrunde liegende Ideologie. Sie müssen sich Kompetenzen aneignen, die erforderlich sind, damit sie sachgerecht über Fragen der Einwanderungs- und Asylpolitik sowie über Fluchtursachen sprechen können. Sie müssen Vorurteilen und Feindbildern nicht nur mit moralischen, sondern auch mit sachlich fundierten Argumenten entgegentreten können.

Pädagogische Maßnahmen können einen Beitrag dazu leisten, Aufmerksamkeit für die zahlreichen Formen der Diskriminierung im Alltag zu entwickeln. Sie können dazu beitragen, dass eine Lerngruppe sich bewusst für eine demokratische Gesellschaft entscheidet. Durch die reflektierte und systematische Förderung von Toleranz und Demokratiefähigkeit in der Schule und in Freizeiteinrichtungen wird rechtsextremem Denken und Verhalten vorgebeugt. Die allgemein präventiven Maßnahmen für ein respektvolles und gewaltfreies Zusammenleben sollten aber vertieft und ergänzt werden durch Angebote, die speziell auf die Beschäftigung mit Fremdenhass und Rassismus zielen. Bewährt haben sich bisher folgende Ansätze:

Erfahrungslernen in einer demokratischen Schul- und Vereinskultur
Werden Jugendliche in die Gestaltung des Schul- oder Vereinslebens einbezogen, lernen sie Verantwortung zu übernehmen, andere Meinungen zu achten, Kompromisse zu schließen und gewaltfreie Konfliktlösungen zu finden. Dazu dienen auch spezielle Programme zum sozialen Lernen oder zur Streitschlichtung.

Politische und ethische Urteilsfähigkeit und Handlungskompetenz
Politische Bildungs- und Aufklärungsarbeit darf sich nicht in Belehrungen erschöpfen, vielmehr müssen Schule und Jugendeinrichtungen zum eigenen demokratischen politischen Handeln anregen. Hierzu können die verschiedenen Fächer, das Schulleben insgesamt, Projekte über die Schule hinaus und internationale Kontakte viel beitragen. Als fächerübergreifende Aufgaben haben Demokratieerziehung und politische Bildung eine wichtige Aufklärungsfunktion, indem sie die Erfahrung vermitteln, dass es in einer komplexen Welt erkennbare Zusammenhänge und wechselseitige Verantwortung gibt.

Nach: Schubarth, Wilfried: Pädagogische Konzepte als Teil der Strategien gegen Rechtsextremismus, In: Bundeszentrale für politische Bildung (Herausgeberin): Aus Politik und Zeitgeschichte. Ausgabe vom 22.9.2000. Im Internet: www.bpb.de

Migration und Flucht

Die Jugendlichen sollen sich das Thema Migration selbstständig erschließen und lernen, dass viele politische, soziale und persönliche Umstände zu Migration führen können und einfache Antworten dem Thema nicht gerecht werden.

Die Jugendlichen teilen sich in drei Kleingruppen. Die erste Gruppe setzt sich mit Fluchtgründen, die zweite Gruppe mit dem Asylverfahren, die dritte Gruppe mit dem Zusammenleben von Migranten und Einheimischen auseinander. Jede Gruppe wird mit einem ablehnenden und einem wohlmeinenden Vorurteil konfrontiert und erhält folgenden Arbeitsauftrag: Findet auf beide Vorurteile eine differenzierte Antwort. Wichtig ist dabei die Begründung. Überlegt, woher ihr eure Informationen habt.

Gruppe 1:
> „Die Asylbewerber haben gar keine Probleme in ihrer Heimat.
> Sie kommen zu uns, weil sie hier leicht Geld verdienen können.“
> „Alle Menschen, die ihre Heimat verlassen müssen, sind richtige Flüchtlinge.
> Sie sollten alle bei uns willkommen sein.“

Gruppe 2:
> „Die sogenannten Flüchtlinge schaden uns Deutschen nur: Sie bekommen
> viel Geld fürs Nichtstun und wollen sich trotzdem nicht anpassen.“
> „Die Eltern arbeiten, die Kinder gehen zur Schule: Flüchtlinge leben ja
> genauso wie Deutsche.“

Gruppe 3:
> „Zuerst Hunderttausende von Gastarbeitern und jetzt noch die Asylbewerber:
> Wenn das so weitergeht, gibt es unser Land bald nicht mehr.“
> „Zum Glück gibt es so viele Ausländerinnen und Ausländer bei uns.
> Sie bringen Farbe in unser eintöniges und langweiliges Land.“

Nach der Gruppenarbeit werden die Ergebnisse im Plenum vorgestellt. Die Jugendlichen stellen den anderen Gruppen Rückfragen. Wenn die Gruppenergebnisse zu wenig aussagekräftig sind, sollten die Lehrenden oder Kursleiter Ergänzungsfragen an die ganze Gruppe richten. Hauptziel der Diskussion ist die Anregung zum offenen Argumentieren. Die Lehrkraft sollte auch ihren eigenen Standpunkt offenlegen.

Zur Weiterarbeit können Fachleute, Mitarbeiter eines Hilfsprojekts oder einer Behörde, eingeladen werden. Außerdem sollen die Jugendlichen die Programme politischer Parteien zum Thema Asyl und Einwanderung recherchieren. Sie können mit ihrer Lerngruppe einen Fragebogen zum Thema entwickeln, um die Meinungen der anderen kennenzulernen. Die Antworten werden ausgewertet und in der Schule oder Freizeiteinrichtung weiterbearbeitet.

Nach: amnesty international (Herausgeberin):
Unterrichtspraxis Menschenrechte „Asyl" 3/97, Solothurn 1997.

Das Immunsystem stärken

Wirksamer als konkrete Kurseinheiten zum Thema Rechtsextremismus ist die Vermittlung von Einsichten und Erkenntnissen über Gesellschaft und Politik, die rechtsextremen Denkweisen widersprechen und so immunisierend wirken oder bei rechtsorientierten Jugendlichen kognitive Dissonanzen stiften können. Schulen und Jugendeinrichtungen sollten in besonderer Weise darum bemüht sein, die dazu erforderlichen Grundqualifikationen zu vermitteln wie Empathiefähigkeit (Fähigkeit zum Perspektivenwechsel), Rollendistanz (kritische Prüfung zugemuteter Anforderungen), Ambiguitätstoleranz (Fähigkeit zum Ausbalancieren uneindeutiger Situationen) und kommunikative Kompetenz.

Interkulturelles Lernen fördern

Schulen und Freizeiteinrichtungen können viel dazu beitragen, dass junge Menschen unterschiedlicher Kulturen miteinander und voneinander lernen. Dies darf sich nicht nur auf gemeinsame Feste beschränken. Schulen und Jugendbegegnungsstätten müssen vielmehr auf individuelle, auch problematische Erfahrungen in der Gesellschaft reagieren. Die Bandbreite der Projekte gegen Fremdenfeindlichkeit ist groß und reicht von der Beschäftigung mit anderen Ländern bis zur Verleihung des Prädikats „Schule ohne Rassismus".

Auf Spurensuche

> Welche Ausländerinnen oder Ausländer haben in irgendeiner Weise die Geschichte des Ortes mitbestimmt, wo die Schule oder das Jugendzentrum stehen?
> Migrantinnen und Migranten, die sich am Ort oder in der Region eine Existenz aufgebaut haben, können nach ihrem Werdegang befragt werden.
> Eine Podiumsdiskussion mit Fachleuten zum Rechtsextremismus kann realisiert werden.

Mit Rechten reden

Die Verweigerung von Gesprächsbereitschaft führt zur Verfestigung des rechts-extremen Weltbildes. Gesprächsbereitschaft heißt aber nicht Nachgiebigkeit in der Sache. Lehrkräfte müssen vorleben, wie man einander respektvoll begegnet, auch wenn man unterschiedliche Ansichten hat. Wichtig ist eine kommunikative Vorgehensweise, die den Gesprächspartner dazu bringt, über seine Parolen nach-zudenken:

> sich dem Gesprächspartner mit voller Aufmerksamkeit zuwenden
> Distanz wahren und dem Gesprächspartner im Wortsinn nicht zu nahe kommen
> genau zuhören, keine Diskussionen anfangen
> bei Verständigungsschwierigkeiten sich durch Rückfragen versichern:
  „Habe ich richtig verstanden, dass du meinst …?"
> bei anhaltender Unklarheit die eigene Haltung offen aussprechen:
  „Für mich bedeutet Verantwortung …"
> nicht auf Provokationen eingehen
> Diskriminierungen vermeiden wie: „Wie kann man so einen Blödsinn glauben …!"
> bei positiven Wertvorstellungen wie Treue oder Ehre nachfragen:
  „Für wen gilt das? Für alle Menschen?"
> bei allgemeinen Äußerungen nach persönlichen Erfahrungen fragen:
  „Hast du selbst schon mal erlebt, dass …?"
> bei aller Ernsthaftigkeit humorvoll und positiv bleiben

Prävention muss zum Prinzip der Schularbeit werden. Es ist nicht effektiv, Maß-nahmen erst dann einzusetzen, wenn Schülerinnen und Schüler durch rechtsextre-mistische oder rassistische Haltungen oder Handlungen auffallen. Jede Schule sollte darum bemüht sein, ein positives Sozialklima und eine positive Lernkultur zu entwickeln. Das Leben und Lernen in Gemeinschaft statt in Konkurrenz sollten gefördert werden. Individualisierte und differenzierte Angebote für Lernen und Erfahrung helfen, überhöhte Leistungsanforderungen und zu starken Leistungs-druck zu vermeiden und Ausgrenzungen und Schulversagen zu verhindern. Eine erfolgreiche Schulentwicklung ist zugleich auch eine wirksame Prävention gegen Rechtsextremismus.

Schule ohne Rassismus

„Schule ohne Rassismus – Schule mit Courage" (SOR-SMC) ist ein Projekt von und für Schüler und Schülerinnen, die gegen alle Formen von Diskriminierung, insbesondere Rassismus, aktiv vorgehen und einen Beitrag zu einer gewaltfreien, demokratischen Gesellschaft leisten wollen. Entstanden ist das Projekt 1988 in Belgien auf Initiative von Schülerinnen und Schülern sowie Jugendarbeitern und -arbeiterinnen. Im Jahr 1992 wurde es in den Niederlanden übernommen und 1995 in Deutschland eingeführt. Von hier sprang die Idee nach Österreich und danach auch nach Spanien über. Europaweit tragen mittlerweile mehr als 600 Schulen den Titel „SOR-SMC", davon 260 in Deutschland (Stand Dezember 2005).

Um eine „Schule ohne Rassismus" zu schaffen, bedarf es des Willens und der Initiative der Schülerinnen und Schüler. Sie diskutieren die vorliegenden Regeln des Projekts und führen einen Abstimmungsprozess herbei. Erst wenn sich 70 Prozent aller Schülerinnen und Schüler, Lehrkräfte und nichtpädagogische Mitarbeiterinnen und Mitarbeiter einer Schule durch Eintragung in einer Unterschriftenliste für dieses Projekt entschieden haben, kann es losgehen.

Die Unterschriften allein machen noch keine Schule ohne Rassismus. Das Ziel ist die Thematisierung von Rassismus in allen Unterrichtsfächern. Es soll über Projektarbeit, Aktionen, Begegnungen und kreative Veranstaltungsformen erreicht werden. Die Schulen sollen sich eine Patin oder einen Paten suchen, der sie dauerhaft in ihrem Engagement unterstützt.

Erst dann wird der Schule der Titel „Schule ohne Rassismus" verliehen. Mit dem gleichnamigen Schild am Eingang der Schule sollen alle Beteiligten und die Öffentlichkeit dazu ermutigt werden, tagtäglich und überall dem heimlichen und offenen Rassismus engagiert entgegenzutreten. Mittlerweile gibt es hinreichend Erfahrungen mit der Nachhaltigkeit eines solchen Projekts. Durch die Thematisierung von Rassismus, Gewalt und Diskriminierung fühlen sich alle in der Schule in der Verantwortung. Gemeinsame Regeln für den Umgang miteinander werden diskutiert und tagtäglich gelebt und tragen zur positiven Entwicklung der Schulatmosphäre bei. Die Bundeskoordination von SOR-SMC und die näher an der Schule angesiedelten Landeskoordinationsstellen fördern diesen Prozess. Sie bieten Veranstaltungen an zum Erfahrungsaustausch und zum Erwerb von Sachwissen und Fachkompetenzen. Weitere Informationen gibt es auf der Internetseite des Projekts: **www.schule-ohne-rassismus.org**

KAPITEL 12

Kreativ für Toleranz

Der Victor-Klemperer-Jugendwettbewerb

Im Jahr 2005 haben es sich Schülerinnen der Realschule Dörverden in Niedersachsen zur Aufgabe gemacht, über rechtsextreme Tendenzen in ihrem Ort zu informieren und dies zu dokumentieren. Sie wehrten sich insbesondere gegen einen künftigen Neonazi-Treff, den sogenannten Heisenhof, ein ehemaliges Militärgelände, das von einem Rechtsextremisten gekauft wurde.

Ein Wettbewerb zum Weiterdenken

Die wachsende Zahl extremistischer Ausschreitungen und Gewalttaten im Deutschland der neunziger Jahre gab vielen Menschen Anlass zur Sorge. Dagegen wollte die Dresdner Bank ein Zeichen setzen. In Zusammenarbeit mit dem vom Bundesinnenministerium initiierten „Bündnis für Demokratie und Toleranz" und gemeinsam mit dem Berliner Aufbau-Verlag, der die Klemperer-Tagebücher herausgibt, wurde im Jahr 2000 der Victor-Klemperer-Jugendwettbewerb für Jugendliche ab fünfzehn Jahren ins Leben gerufen. Er soll junge Menschen ermuntern, sich kreativ mit den demokratischen Werten auseinanderzusetzen und aktiv für Toleranz und ein weltoffenes Deutschland einzutreten.

Wer war Victor Klemperer?

Victor Klemperer, der Namensgeber des Wettbewerbs, wurde am 9. Oktober 1881 als achtes Kind eines Rabbiners in Landsberg an der Warthe geboren. Er arbeitete als Journalist, studierte später Romanistik und trat im Jahr 1912 zur evangelischen Kirche über. Als bewusster deutscher Patriot meldete er sich im Ersten Weltkrieg freiwillig an die Front. Er bekam das Eiserne Kreuz. Im Jahr 1920 erhielt er an der Technischen Universität Dresden den Lehrstuhl für Romanistik. 1935 entzogen ihm die Nationalsozialisten seine Professur. Er wurde aus seinem Haus vertrieben, in ein sogenanntes Judenhaus eingewiesen und zur Zwangsarbeit genötigt.
Der Deportation und Vernichtung entging er nur, weil er mit der unbeirrt zu ihm stehenden Nichtjüdin Eva Klemperer verheiratet war. Im Jahr 1947 erschien sein Buch „LTI – Lingua Tertii Imperii" mit Untersuchungen zur Sprache im Dritten Reich. Victor Klemperer lehrte in Dresden, Greifswald, Berlin und Halle. Zunächst war er einverstanden mit der SED-Herrschaft. Zeitweise war er Abgeordneter der Volkskammer der DDR. Doch dann wurde er zunehmend kritischer und erkannte die strukturellen Ähnlichkeiten zwischen den beiden deutschen Diktaturen. Am 11. Februar 1960 starb Victor Klemperer in Dresden. Erst in den neunziger Jahren erschienen im Aufbau-Verlag seine Tagebücher, darunter die der Jahre 1933 bis 1945 unter dem Titel „Ich will Zeugnis ablegen bis zum letzten" mit detaillierten Beschreibungen des alltäglichen Terrors dieser Zeit. Die Tagebücher waren die Vorlage für eine zwölfteilige Fernsehserie, die im Herbst 1999 von der ARD ausgestrahlt wurde. Der Jugendwettbewerb soll dazu beitragen, Victor Klemperer als Vorbild für Zivilcourage und Engagement zu ehren.

Ziele des Wettbewerbs

Mit dem Wettbewerb sollen Weltoffenheit und Toleranz sowie demokratisches Denken und Handeln bei Jugendlichen gefördert werden. Dabei spielt die Auseinandersetzung mit der nationalsozialistischen Vergangenheit eine wichtige Rolle. Denn wer fremde Menschen und ihre Kultur verstehen will, muss erst einmal seine eigene Geschichte kennenlernen. Jugendliche und junge Erwachsene haben die Gelegenheit zu erkennen, dass Toleranz und Respekt in einem Land wie Deutschland, in dem viele Kulturen zusammenleben, elementare Voraussetzungen für ein friedliches Miteinander sind. Seit Beginn des Wettbewerbs haben sich bis 2006 mehr als 82.000 Jugendliche mit insgesamt 5 171 Arbeiten beteiligt.

Fußball im Nationalsozialismus

Den ersten Preis des Victor-Klemperer-Jugendwettbewerbs 2006 – eine Reise nach Israel – gewannen neun Jugendliche aus Berlin-Weißensee. Sie produzierten einen Film, der am Beispiel des Berliner Fußballvereins Hertha BSC und dessen Spielers und späteren Trainers Hanne Sobek die Verstrickung und Gleichschaltung von Sportvereinen während der Zeit der NS-Diktatur zeigte. Der Film, in dem unter anderem Zeitzeugen, der Sohn von Sobek und Experten zu Wort kommen sowie Ausschnitte der „Wochenschau" eingeblendet werden, ist eine differenzierte Auseinandersetzung mit einem von vielen Vereinen und der Öffentlichkeit immer noch tabuisierten Thema.

Toleranz in der Bundeswehr

Das „Projekt T" ist eine Arbeit, die im Jahr 2005 mit dem ersten Preis, einer Reise nach Prag, ausgezeichnet wurde. 14 junge Soldatinnen und Soldaten der Unteroffiziersschule der Luftwaffe in Appen in Schleswig-Holstein setzten sich mit der Frage auseinander, wie es um die Toleranz in der Bundeswehr bestellt ist. Der Besuch in einer Moschee zum Beispiel war für die Initiatoren des Projekts „eine echte Überwindung, eine Begegnung mit dem ,Allzu-Fremden'". Die Einladung zum Tee und das Gespräch mit Muslimen machten diesen Besuch am Ende doch noch zu einem echten Erlebnis. Die inhaltlich und gestalterisch anspruchsvolle Dokumentation thematisiert auch das Verhältnis zwischen den Geschlechtern und zeigt darüber hinaus auf, wie die Soldatinnen und Soldaten zu hetero- und homosexuellen Partnerschaften in der Bundeswehr stehen. Die Arbeit bekam sowohl innerhalb als auch außerhalb der Bundeswehr viel Lob. Ursprünglich in einer Auflagenhöhe von gerade einmal 175 Stück gedruckt, wurden aufgrund der großen Nachfrage 25.000 Exemplare nachgedruckt.

„... kein Wald von Buchen"

Ebenfalls eine Pragreise gewannen im Jahr 2003 fünfzehn ost- und westdeutsche Jugendliche, die sich in einem Video mit der Geschichte des ehemaligen Konzentrationslagers Buchenwald beschäftigten. In dem Film „... kein Wald von Buchen" erfahren Zuschauer nicht nur, was in Buchenwald während des nationalsozialistischen Terrorregimes geschah. In Spielszenen und durch Gespräche mit den Mitarbeitern der Gedenkstätte werden auch immer wieder Bezüge zur Gegenwart hergestellt. Erschreckend dabei ist, dass viele der interviewten Jugendlichen mit dem Begriff Buchenwald überhaupt nichts anfangen konnten. Der Film wird inzwischen auch in der Gedenkstätte Buchenwald Jugendgruppen vorgeführt.

Schule ohne Rassismus

In Frankfurt an der Oder engagierte sich eine Gruppe von Schülerinnen und Schülern der Oberstufe für eine „Schule ohne Rassismus". Die Vielzahl ihrer Aktivitäten war beeindruckend: Sie organisierten Ausstellungen zu Apartheid und Holocaust, leisteten Aufklärungsarbeit in Klassen der Unterstufe und konnten in Rollenspielen und mit Videos helfen, Vorurteile abzubauen. Darüber hinaus veranstalteten die Schüler Lesungen, Theatervorstellungen, organisierten Freizeitangebote für Kinder eines Asylbewerberheims und vieles mehr. Auch für diese engagierte Arbeit wurde im Jahr 2002 der erste Preis vergeben – eine Studienreise nach Prag.

2006/ 2007 ruft der siebte Wettbewerb unter dem Motto **„Kreativ für Toleranz"** Jugendliche wiederum dazu auf, sich aktiv für mehr Toleranz, Fairness, Menschlichkeit und mehr Respekt in unserer Gesellschaft einzusetzen. Musik spielt nicht nur im aktuellen Wettbewerb, sondern generell in unserem Leben eine herausragende Rolle. Gemeinsames Musizieren kann soziale Bindungen fördern und den Zusammenhalt in der Gruppe stärken. Das wissen auch die Musikerinnen und Musiker von Reamonn, 2raumwohnung und Clueso, die den Wettbewerb dieses Mal unterstützen. Sie alle fordern zu Toleranz und gegenseitigem Respekt auf und tragen somit dazu bei, dass aus Deutschland ein Land werden könnte, in dem Menschen aus verschiedenen Kulturen und mit unterschiedlichen Religionen frei, gleichberechtigt und ohne Angst vor Übergriffen leben können.

Weitere Informationen zum Victor-Klemperer-Jugendwettbewerb sind erhältlich beim Bündnis für Demokratie und Toleranz, **buendnis@bfdt.de.** Die Wettbewerbsbroschüre kann unter **www.victor-klemperer-wettbewerb.de** heruntergeladen werden.

KAPITEL 13

Zivilcourage zeigen

Verhaltenstipps für Konflikt- und Gefahrensituationen

Wer in der Schule und in Freizeiteinrichtungen gelernt hat, mit Zivilcourage zu handeln, wird auch in der U-Bahn oder Disko nicht einfach wegsehen, wenn es einmal wirklich brenzlig wird. Das kommt seltener vor als zum Beispiel Mobbing. Doch es lohnt sich, schon mal in Gedanken einen Ernstfall durchzuspielen. Denn wer vorbereitet ist, greift eher ein als jemand, der sich überrumpelt fühlt.

Eine klare Abgrenzung zwischen Prävention und Intervention ist nicht möglich. Denn jede vorbeugende Maßnahme hat zugleich auch eine helfende Funktion. Allerdings ist trotz intensiver und kontinuierlicher präventiver Bemühungen nicht auszuschließen, dass Gewaltvorfälle geschehen. Da solche Gewaltvorfälle sehr unterschiedlich sein können, kann es zum Umgang mit ihnen keine Patentrezepte, sondern nur prinzipielle Verhaltensregeln geben.

Gewalt in der Schule

> Lassen Sie Gewalt in keiner Form zu. Nicht nur körperliche Gewalt, auch verbale Attacken und Mobbing müssen unterbunden werden. Dulden Sie keine gefährlichen Gegenstände oder Waffen in der Schule.
> Gehen Sie verdächtigen Hinweisen und Warnungen nach. Bleiben Sie aufmerksam. Ermuntern Sie auch Ihre Schülerinnen und Schüler zur Aufmerksamkeit. Das bedeutet nicht, sie zum Spitzeln zu animieren, sondern Zivilcourage zu fördern.
> Intervenieren Sie bei sich anbahnender Gewalt frühzeitig. Führen Sie hierzu Gespräche mit allen Beteiligten, sowohl mit betroffenen einzelnen Schülerinnen und Schülern als auch mit deren Clique und der gesamten Klasse.
> Handeln Sie bei Verstößen konsequent und klar.
> Sorgen Sie dafür, dass die Opfer geschützt werden.
> Bemühen Sie sich darum, Probleme zu klären, ohne Schülerinnen und Schüler zu demütigen oder zu verurteilen.
> Beziehen Sie alle Beteiligten in eine Konfliktlösung ein.
> Informieren Sie auch die Eltern, und zeigen Sie Ihr weiteres Vorgehen und die Konsequenzen auf. Drohen Sie Eltern nicht mit Sanktionen, sondern bieten Sie eine Zusammenarbeit an.
> Nehmen Sie interne und externe Beratung und Hilfsangebote, zum Beispiel von Kolleginnen und Kollegen, der Schulleitung, dem schulpsychologischen Dienst oder der Polizei, wahr.
> Erkundigen Sie sich bereits ohne aktuellen Anlass, welche lokalen Ansprechpartner es gibt, und lernen Sie sie kennen.
> Nehmen Sie die Schülerinnen und Schüler und deren Erziehungsberechtigte in die Mitverantwortung für ein gewaltfreies Miteinander.
> Dokumentieren Sie Vorkommnisse schriftlich und möglichst unmittelbar.
> Geben Sie pädagogischen Maßnahmen den Vorzug vor Ordnungsmaßnahmen.
> Schalten Sie bei Straftaten die Polizei ein, und unterstützen Sie die Opfer dabei, Anzeige zu erstatten.

Gewalt unterbinden

Wer Gewalt duldet, fördert sie. Wegschauen wird von Schülerinnen und Schülern als stillschweigendes Einverständnis verstanden. Jede Gewalthandlung muss sofort unterbunden werden. Bei Prügeleien muss den Beteiligten unmissverständlich klar gemacht werden, dass sie aufhören sollen. Wenn die Aufforderung nicht hilft, sollte man sich nicht scheuen dazwischenzugehen. Falls das zu riskant erscheint, sollte man andere zu Hilfe holen. Bei körperlicher Gewalt ist das auch für Lehrkräfte nicht immer ganz einfach, ohne sich selbst in Gefahr zu bringen. Auch deshalb sollte bereits bei der Androhung von Schlägen bzw. bei beginnenden Rangeleien eingegriffen werden. Die vermeintlich einvernehmlichen „Spaßkämpfchen" machen letztlich nur denen Spaß, die dabei überlegen sind.

Hilfreiche Gespräche führen

Zum Aufarbeiten eines Gewaltfalles sind Gespräche notwendig, in denen der Vorfall geklärt und die weitere Vorgehensweise vorbereitet wird. Hilfreiche Gespräche werden erst dann möglich, wenn die ersten Emotionen bei allen Beteiligten, auch bei der Lehrkraft, abgeflaut sind. Ein Gespräch braucht Zeit und einen störungsfreien Raum. Bei einem Gespräch sollten Lehrerinnen und Lehrer alles vermeiden, was die Situation zusätzlich erschweren könnte.

Für ein hilfreiches Gespräch sind folgende Maßnahmen empfehlenswert:

> Gesprächsinteresse zeigen
> den Gesprächspartner achten (nicht sein Verhalten)
> unterschiedliche Standpunkte nicht polarisieren
> auf Provokationen nicht eingehen
> sozial erwünschtes akzeptables Verhalten verstärken
> allen Beteiligten (auch dem Täter) positive Motive unterstellen
> humorvoll reagieren
> Dramatisierungen und Dämonisierungen vermeiden
> diskriminierende Einschätzungen unterlassen
> auf demütigendes Moralisieren verzichten

Die Opfer schützen und betreuen

Die Opfer müssen in jedem Fall geschützt werden und mindestens so viel Aufmerksamkeit erfahren wie die Täter. Es sollte sichergestellt sein, dass jede Schülerin und jeder Schüler in der Schule Lehrkräfte kennt, die sie nach einem Gewalterlebnis oder bei Angst vor Gewalt ohne Zeitverzug anhören und denen sie sich anvertrauen können. Besonders wenn die Schule gegen den Täter den

Ordnungmaßnahmenkatalog anwendet, besteht die Gefahr, dass Opfer nur noch als Zeugen, aber nicht mehr als Betroffene behandelt werden.

Schülerinnen und Schüler mit in die Verantwortung nehmen

Auch Schülerinnen und Schüler haben die Verantwortung, Gewalt in der Schule wahrzunehmen und nicht zuzulassen. Deshalb ist es wichtig, dass sie lernen, wie sie sich sinnvollerweise in Gewaltsituationen, innerhalb und außerhalb der Schule, verhalten können. Die Inhalte des Arbeitsblatts „Verhalten in Bedrohungssituationen" sollten gemeinsam erarbeitet werden.

Gerade auch beim Schutz der Opfer können die Mitschülerinnen und Mitschüler eine bedeutsame Rolle spielen. Opfer haben oft nicht zu Unrecht Angst. Ihre Situation in der Klasse könnte sich durch die besondere Achtsamkeit der Lehrkraft verschlimmern. Hier sind „starke", in Klasse oder Schule anerkannte Mitschülerinnen und Mitschüler als „Paten", „Schutzengel" oder „Buddys" besonders gefragt.

Pädagogischen Maßnahmen den Vorzug geben

Täter und Opfer gehören nicht selten der gleichen Gruppe an. Sie leiden unter mangelnder Anerkennung und Ausgrenzung. Die Maßnahmen zum Umgang mit Gewalt sollten deshalb vom Prinzip der Integration ausgehen. Nach Möglichkeit sollten weder Täter noch Opfer ihr Gesicht verlieren. Mediation und pädagogischen Maßnahmen ist deshalb der Vorzug vor den in den Schulgesetzen geregelten Ordnungsmaßnahmen zu geben. Diese Ordnungsmaßnahmen bedeuten im Allgemeinen einen Ausschluss aus der Gruppe und verstärken damit das Grundproblem. Selbstverständlich müssen Täter jedoch ausgeschlossen werden, wenn anders der Schutz der Gruppe nicht gewährleistet werden kann.

Außerhalb der Schule

Der Ernstfall tritt ein. Oft wird die Entscheidung, ob man eingreift oder nicht, im Unterbewusstsein getroffen. Dort läuft folgender Prozess ab: Man nimmt wahr, dass etwas passiert. Je klarer zu erkennen ist, dass ein Opfer Hilfe braucht, desto eher wird diese auch geleistet. Man beurteilt den Vorfall und entscheidet, ob man verantwortlich ist. Gleichzeitig wählt man die Art der Hilfe und überlegt, ob man fähig ist, etwas auszurichten.

Tipps vom Experten

Da Gewaltvorfälle sehr unterschiedlich sein können, sind diese Tipps nur als prinzipielle Verhaltensregeln zu verstehen. Erarbeiten Sie mit Ihrer Lerngruppe Vorschläge für das Verhalten in Gefahrensituationen, und vergleichen Sie diese mit den Ratschlägen der Polizei.

Die Ruhe bewahren
Konzentrieren Sie sich darauf, was Sie sich vorgenommen haben, und versuchen Sie, sich nicht von Gefühlen wie Angst oder Ärger ablenken zu lassen.

Keine Provokationen
Machen Sie keine abfälligen Bemerkungen über den oder die Angreifer. Meiden Sie Drohungen. Lassen Sie sich nicht provozieren, und verhalten Sie sich selbstbewusst. Sagen Sie laut und deutlich, was Ihnen missfällt und was Sie wollen. Schwächen Sie die eigenen Worte nicht ab.

Körperkontakt meiden
Fassen Sie den Täter niemals an. Das macht aggressiv und kann schnell zu weiteren gewalttätigen Handlungen führen.

Vorsichtig sein
Bringen Sie sich nicht selbst in Gefahr. Alarmieren Sie lieber sofort die Polizei unter der Notrufnummer 110. Wenn kein Telefon oder Handy in Reichweite ist, können Sie an einem Haus klingeln oder in ein Geschäft gehen und dort darum bitten, dass die Polizei gerufen wird.

Hilfe organisieren
Sie müssen nicht alleine eingreifen. Besser ist es, andere zur Mithilfe zu motivieren. Sprechen Sie nicht die anonyme Masse der Zuschauerinnen und Zuschauer an, sondern Einzelne. Menschen sind eher dazu bereit zu helfen, wenn sie persönlich angesprochen werden.

Den Vorfall bezeugen
Sehen Sie nicht weg. Jede und jeder kann eine gute Zeugin oder ein guter Zeuge sein. Das heißt genau hinsehen, sich wichtige Einzelheiten merken und möglichst unmittelbar nach dem Vorfall aufschreiben.

Dem Opfer beistehen

Versuchen Sie, das Opfer zu beruhigen. Leisten Sie gegebenenfalls Erste Hilfe. Rufen Sie Angehörige oder Freunde des Opfers an, und lassen Sie es nicht allein. Warten Sie, bis der Rettungswagen, ein Arzt oder ein Angehöriger kommt.

In Bus und Bahn

In der Bahn oder im Bus wird jemand angegriffen, erniedrigt, verletzt. Oft sind die Mitfahrenden eingeschüchtert oder schockiert. Sie wissen nicht, wie sie sich verhalten sollen.

Folgendes kann man tun:
> Sie können den Fahrer auffordern, die Polizei zu rufen. Er ist verpflichtet, dies zu tun. Sonst kann er wegen unterlassener Hilfeleistung belangt werden.
> Wenn Sie nicht direkt zum Fahrer gelangen können, rufen Sie denen, die vorne sitzen, laut zu: „Der Fahrer soll die Polizei informieren!"
> Sie können andere Mitfahrende auffordern, mit Ihnen laut zu rufen: „Hört auf!" Anfangs machen dabei wenige Menschen, dann aber in der Regel immer mehr mit. Jetzt wird die Situation für Gewalttäter unüberschaubar und unberechenbar. Sie versuchen wahrscheinlich, sich davonzumachen.
> Es ist wichtig, möglichst viele Mitfahrende direkt anzusprechen und in die Verantwortung zu nehmen.
> Je nach Situation können Sie den Fahrer auffordern, die Türen abzusperren, sodass sich die Täter nicht entfernen können, bis die Polizei kommt.

In Cafés und Kneipen

Sie bekommen mit, wie einige Menschen über andere Gäste herziehen, sie beleidigen oder angreifen. Oder Sie hören rassistische Sprüche und Witze. Einige Personen pöbeln möglicherweise Gäste an, die sie für Ausländer halten.
> Holen Sie Hilfe! Bitten Sie andere Gäste, gleichzeitig mit Ihnen aufzustehen. Stellen Sie sich, wenn Sie deutlich in der Mehrheit sind, zwischen oder um die Randalierenden und fordern Sie sie gemeinsam auf aufzuhören.
> Der Wirt hat die Pflicht, Straftaten im Lokal zu verhindern. Wenn er gewalttätiges oder rassistisches Verhalten in seiner Kneipe duldet, kann ihn das die Lizenz kosten.
> Warten Sie vor der Gaststätte auf die Polizei. Dort können Sie dann in Ruhe erklären, was passiert ist. *Nach: „Mach meinen Kumpel nicht an!" e. V., www.gelbehand.de*

KAPITEL 14

Konfrontation
mit der Tat

Vor dem Gerichtsverfahren

Es gibt Alternativen für ein Verfahren vor Gericht, die eher den pädagogischen als den juristischen Aspekt betonen. Die Konfrontation mit der Tat durch einen Täter-Opfer-Ausgleich oder die Beurteilung einer Tat durch Gleichaltrige vor einem sogenannten Schülergericht haben häufig einen größeren Einfluss als Strafen durch Lehrkräfte oder Richter.

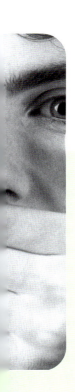

Ausgleich zwischen Täter und Opfer

Der Täter-Opfer-Ausgleich (TOA) ist ein juristisches, aber außergerichtliches Verfahren der Konfliktschlichtung zwischen Täter und Opfer. Es stellt eine Alternative zu einem Gerichtsverfahren dar und kann auf der Grundlage der Paragrafen 45 und 47 des Jugendgerichtsgesetzes von der Staatsanwaltschaft im Zusammenhang mit jugendrichterlichen Entscheidungen empfohlen werden.

Die Zielgruppe des Täter-Opfer-Ausgleichs sind jugendliche und heranwachsende Straftäter zwischen 14 und 21 Jahren. Die Betroffenen erhalten die Gelegenheit, ihren Konflikt eigenverantwortlich aufzuarbeiten und gemeinsam eine Regelung zu finden, die das Opfer für die Tat entschädigt. Eine neutrale Vermittlerin oder ein Vermittler mit einer speziellen Ausbildung für Mediation moderiert und begleitet die Gespräche. Sie oder er unterstützt Opfer und Täter bei ihren Bemühungen um Versöhnung und hilft ihnen, eine angemessene Wiedergutmachungsleistung des Täters zu vereinbaren.

Voraussetzung für den Täter-Opfer-Ausgleich ist, dass Täter und Opfer freiwillig an diesem Verfahren teilnehmen. Nur die wirkliche Bereitschaft, sich auf einen Ausgleich einzulassen, ermöglicht eine wechselseitige konstruktive Auseinandersetzung. Das Opfer erklärt sich damit einverstanden, dem Täter noch einmal persönlich zu begegnen. Der Täter räumt die Tat ein und stellt sich den Konsequenzen seiner Handlung. Er weiß, dass er einen Täter-Opfer-Ausgleich auch ablehnen kann, ohne dass für ihn dadurch bei einer dann fälligen Gerichtsverhandlung Nachteile entstehen würden.

Hilfe für das Opfer

Der Täter-Opfer-Ausgleich betont die Interessen des Opfers, die bei anderen Verfahren oft nur ungenügend beachtet werden. Opfer leiden oft noch lange nach den Gewalterlebnissen. Sie fühlen sich unsicher und bedroht. Einige halten sich mitverantwortlich für die Tat. Sie fragen sich, was sie an sich haben, was sie getan haben, dass ausgerechnet sie zum Opfer wurden. Sie halten sich für schwach oder schämen sich dafür, dass sie Opfer einer Gewalttat wurden.

In einem moderierten Gespräch mit dem Täter kann das Opfer diese erduldende und leidende Rolle verlassen. In dem Gespräch wird der Täter mit seiner Tat konfrontiert. Dadurch kann das Opfer Ängste abbauen, Wut zeigen, Kränkungen loswerden. Es steht dem Täter in einer Situation gegenüber, in der dieser nicht mehr bedrohlich ist. Mit einer ernst gemeinten Entschuldigung des Täters, die eine vom Opfer akzeptierte Form der Wiedergutmachung einschließt, kann das Opfer die Tat verarbeiten.

Chance für den Täter

Durch die Auseinandersetzung mit dem Opfer kann sich der Täter seiner Tat stellen. Die Anonymität wird aufgehoben. Das Opfer bekommt ein Gesicht, es wird ein Mensch. Der Täter erlebt direkt, welche Folgen seine Tat für das Opfer hat. Im Gespräch mit dem Opfer muss er seine Tat eingestehen, sie beschreiben und seine Handlung hinterfragen lassen. Der Täter muss sich aktiv mit seiner Tat auseinandersetzen. Durch die Entschuldigung und die Wiedergutmachung übernimmt er Verantwortung für seine Tat.

Die Möglichkeiten der Wiedergutmachung sind vielfältig: Schmerzensgeld, Schadensersatz, Spenden an eine gemeinnützige Einrichtung, Arbeitsstunden oder auch die Auflage, etwas gemeinsam mit dem Opfer zu tun. Indem das Opfer seine Entschuldigung annimmt und der Täter seine Tat wiedergutmachen kann, bekommt er die Chance zu einem Neuanfang. Auch er wird nicht mehr nur als Täter, sondern als Mensch mit seinen Gefühlen und Erfahrungen wahrgenommen. Der Täter-Opfer-Ausgleich ist möglicherweise eine Erfahrung, die dazu beitragen kann, den Täter vor weiteren Gewalthandlungen abzuhalten. Das Verfahren kann also gleichzeitig eine präventive Wirkung haben.

Täter-Opfer-Ausgleich in der Schule

Die Vorgehensweise beim Täter-Opfer-Ausgleich kann auch in der Schule sinnvoll eingesetzt werden. Sanktionen im schulischen Bereich weisen oft eine große

Ferne zu den geschädigten Menschen oder Sachen auf. Die Folgen einer Gewalt-tat sind für die Täter manchmal nur schwer einsehbar und führen letztlich nicht zu einer Sensibilisierung dafür, was ihre Handlung für das Opfer bedeutet hat. Dadurch werden sie kaum bereit zu einer Änderung ihres gewaltbereiten Ver-haltens. Der Täter-Opfer-Ausgleich kann dabei helfen, sowohl die Wahrnehmung für Grenzüberschreitungen mit den Konsequenzen für die Opfer zu schärfen als auch die Möglichkeiten der Wiedergutmachung zu erfahren. Täter und Opfer wird es ermöglicht, im Schulalltag wieder in Beziehung zueinander zu treten. Mit dem Täter-Opfer-Ausgleich kann der Vorteil von Ausgleich und Wiedergutmachung gegenüber einer Bestrafung bewusst gemacht werden. Bei leichteren Fällen kann die Mediation von Schülerinnen oder Schülern übernommen werden. Im Allge-meinen aber wird es sich beim Täter-Opfer-Ausgleich um Fälle handeln, bei denen die Mediation von Lehrkräften gefordert ist.

Das Verfahren des Täter-Opfer-Ausgleichs kann Schülerinnen und Schülern durch Rollenspiele bekannt gemacht werden. Dabei sollten sie auch über die juristischen Grundlagen informiert werden. Nach Rollenspielen mit fiktiven Inhalten sollte die Methode mit authentischen Fällen der Gruppe weiter eingeübt werden.

Beispiel für ein Rollenspiel
Die Rollen der Streitparteien und der Vermittlerin oder des Vermittlers werden verteilt. Der Rest der Klasse erhält Beobachtungsaufgaben wie:
> Ist das Opfer zu seinem Recht gekommen?
> Ist die Bereitschaft des Täters zur Wiedergutmachung nachvollziehbar?
> Ist die Vermittlerin/ der Vermittler neutral?
> Ist das Ergebnis realistisch?

Spielablauf:
> Mehmet ist auf dem Schulweg von Mike zusammengeschlagen worden. (Vor Spielbeginn sollten sich die Spieler kurz darauf einigen, wie es zu dieser Schlägerei gekommen ist und was dabei genau passiert ist.)
> Da Mehmets Vater Strafantrag gestellt hat, hat die Staatsanwaltschaft beiden Parteien empfohlen, sich an die Täter-Opfer-Ausgleichsstelle zu wenden.
> Mike und Mehmet gehen auf Einladung zu getrennten Gesprächen dorthin, gegebenenfalls begleitet von ihren Eltern oder einem Elternteil.
> Die Vermittlerin/ der Vermittler lässt sich jeweils den Vorfall schildern.
> Mehmet macht einen Vorschlag, welchen Ausgleich Mike zur Wieder-gutmachung leisten sollte.

> Die Vermittlerin / der Vermittler lädt beide gemeinsam ein. Es findet ein Gespräch über die Tat und über den Ausgleich statt. Am Ende muss Einigkeit über den Ausgleich erzielt werden, sonst muss das Verfahren an das Gericht abgegeben werden.

Schülergerichte statt Gerichtsverfahren

Schülergerichte sind eine Einrichtung, die aus den USA übernommen wurde. Dort sind die „Teen Courts" seit den neunziger Jahren bereits eine feste Institution. Sie simulieren dort ein Gericht im Mini-Format. Die Jugendlichen treten in Roben gehüllt auf und lassen sich mit „Sir" anreden. Die Strafen, die sie verhängen, sind zum Teil härter als die, die ein Straftäter vor einem echten Gericht bekäme. Dafür aber bleibt dem Täter oder der Täterin ein Eintrag ins Strafregister erspart.

Die Jugendlichen lernen in diesen Gerichtsverfahren, Verantwortung zu übernehmen, füreinander, für ihr Tun und für sich selbst. Das gilt für beide Seiten, sowohl für die Richter als auch für die Täter. Mit Erlaubnis der Staatsanwaltschaft können minderschwere Delikte statt vor einem ordentlichen Gericht vor dem Schülergericht verhandelt werden. Minderschwere Delikte sind zum Beispiel einfacher Diebstahl, Sachbeschädigung, Beleidigungen, leichte Körperverletzungen. Schülergerichte dürfen nur Fälle verhandeln, wenn die Tat gestanden wurde und bereits vollständig aufgeklärt ist. Die Angeklagten müssen 14 Jahre alt sein, und sie und ihre Eltern müssen mit der Verhandlung vor dem Schülergericht einverstanden sein. Schülerrichter können keine Jugendstrafen verhängen. Sie schlagen erzieherische Maßnahmen vor, die gemeinsam mit der oder dem Beschuldigten gefunden werden müssen. Die Maßnahmen sollen der Tat angemessen sein. Bei Sachbeschädigungen sind beispielsweise Reparaturarbeiten sinnvoll, bei Beleidigungen soziale Tätigkeiten wie Arbeitsstunden in einer Einrichtung für Kinder, alte Menschen oder Asylbewerber. Erniedrigende Strafen, zum Beispiel mit einem Schild „Ich bin ein Erpresser" herumlaufen zu müssen, sind verboten. Wird das Strafmaß von den verurteilten Jugendlichen akzeptiert, ist der Fall damit abgeschlossen, ohne dass sich ein hauptamtlicher Jugendrichter jemals damit beschäftigt. Auch wenn nicht gesagt ist, ob alle Fälle überhaupt zu einer Gerichtsverhandlung geführt hätten und nicht schon mit einer schriftlichen Ermahnung durch die Staatsanwaltschaft eingestellt worden wären, hat das Schülergericht Vorteile. Denn durch eine Verhandlung, der man sich persönlich stellen muss, werden eher Unrechtsbewusstsein und Einsicht erzeugt als durch einen Brief.

Schülerrichter sind zwischen 14 und 18 Jahren alt und sollen aus allen Schulformen kommen, um nicht das Vorurteil der sozialen Überlegenheit aufkommen zu lassen. Schülerrichter sollten gleichaltrig oder etwas älter sein als ihre Klientel, da es Jugendlichen schwerfällt, Entscheidungen von Jüngeren zu akzeptieren. Sie werden auf ihre Aufgabe durch Fachkräfte aus Sozialarbeit und Justiz vorbereitet und bei ihrer Arbeit unterstützt. Sozialpädagoginnen und -pädagogen machen sie mit dem Grundlagen der Mediation vertraut und schulen ihre sozialen und kommunikativen Kompetenzen. Polizisten und Staatsanwälte vermitteln das juristische Hintergrundwissen. Ein Schülergericht besteht aus drei Jugendlichen. Die ersten Schülergerichte starteten im Jahr 2000 in Bayern. In der Zwischenzeit wurden Schülergerichte auch in Nordrhein-Westfalen, Hessen und Hamburg eingeführt.

Schülergerichte in der Schule

Die Idee des Schülergerichts kann unterhalb der Notwendigkeit eines Gerichtsverfahrens in jede Schule übernommen werden. Schulleitung und Lehrkräfte haben dann nicht mehr die alleinige Entscheidungs- und Vollstreckungsmacht bei Erziehungs- oder Ordnungsmaßnahmen, die Schüler und Schülerinnen oft als persönliche Missachtung empfinden. Die Macht und Verantwortung der Erwachsenen wird durch Schülerinnen und Schüler begrenzt und kontrolliert. Die Emotionalität beim Umgang mit Regelverstößen und Normverletzungen kann durch Schülergerichte abgemildert und versachlicht werden.

Schülergerichte lassen sich gut dort einführen, wo es bereits Erfahrungen mit der Streitschlichtung durch Schülerinnen und Schüler gibt. Sie können als deren Intensivierung und Ergänzung verstanden werden. Jeweils drei Schülerinnen oder Schüler werden zu Beginn jedes Schuljahres aus allen Klassen oder jeweils einer Jahrgangsstufe ausgewählt und zu Richterinnen oder Richtern ausgebildet. Aus ihnen können Klassengerichte, Jahrgangsgerichte oder Schulgerichte gebildet werden. Zwei Lehrkräfte und die Schulleitung arbeiten als Verbindungsleute zu den Schülergerichten. Jedes Mitglied der Schulgemeinschaft kann dort einen Regelverstoß oder eine Normverletzung anzeigen. Je nach Situation wird dann ein Termin mit einem der Schülergerichte vereinbart. Nach Anhörung der oder des Angeklagten und eventueller Zeugen berät das Gericht über das Urteil. Die Verhandlung wird protokolliert. Das Urteil des Schülergerichts gilt als Empfehlung an die Klassenkonferenz oder die Schulleitung, die es dann ausführt. Sollte das Urteil von diesen Gremien nicht anerkannt werden, muss das schriftlich begründet werden und gegebenenfalls zu einer neuen Verhandlung an das Schülergericht zurückverwiesen werden.

KAPITEL 15

Wenn Strafe sein muss

Recht gegen Gewalt

Oft sind Pädagoginnen und Pädagogen unsicher, welche Rechte und Pflichten sie haben, wenn Jugendliche sich gewalttätig verhalten. Verletzt ein Jugendlicher schulische Normen, gilt das Schulrecht des jeweiligen Bundeslandes. Darin ist eine Reihe von Ordnungsmaßnahmen festgehalten. Bei strafbaren Handlungen gilt das Jugendstrafgesetz. Dann muss auch die Polizei eingeschaltet werden.

Schulgesetze

Viele Bundesländer haben Handreichungen zum Umgang mit Gewalt in der Schule erarbeitet. Darin sind Grundinformationen über Gewalt, pädagogische Anregungen, hilfreiche Tipps, Adressen von Anlaufstellen zur Unterstützung, Vorgaben und Checklisten zum Umgang mit Gewalt und relevante Auszüge aus den Schulgesetzen zusammengestellt. Grundsätzlich sollte in jeder Schule eine Handreichung zum Umgang mit Gewalt verfügbar sein. Sie geben sehr hilfreiche Informationen und können bei den Schul- und Kultusbehörden der Länder bestellt werden. Zum Teil stehen sie auf den Bildungsservern zum Herunterladen zur Verfügung.

Ordnungsmaßnahmen

Die rechtlichen Grundlagen für das Vorgehen der Schulen bei Gewaltfällen bilden die Schulgesetze der Länder. Vergleichbare Regelungen durch Rechts- und Verwaltungsvorschriften gibt es in allen Bundesländern. Die sogenannten Ordnungsmaßnahmen greifen – im Unterschied zu Erziehungsmitteln – in die Rechtsstellung der Schülerin oder des Schülers ein. Sie sind nur für Schülerinnen und Schüler vorgesehen, die ihre Pflichten grob vernachlässigen. Mit den Ordnungsmaßnahmen gibt der Gesetzgeber den Schulen ein Instrumentarium an die Hand, mit dem sie Verstöße gegen schulische Normen ahnden können.
Hier sind vor allem vier Normbereiche bedeutsam:

> Arbeitsanforderungen der Schule,
> Regeln für den Umgang mit Schülerinnen und Schülern,
> Regeln für den Umgang mit Lehrerinnen und Lehrern sowie
> Schul- und Unterrichtsnormen.

Ordnungsmaßnahmen dienen der Sicherung der Unterrichts- und Erziehungsarbeit der Schule und dem Schutz von Menschen und Sachen in der Schule. Beim Verhängen von Ordnungsmaßnahmen sind das Gesamtverhalten sowie Alter, Reife und persönliche Verhältnisse der Schülerin oder des Schülers zu berücksichtigen. Das Gewicht des Fehlverhaltens ist abzuwägen gegenüber der Schwere der Maßnahme und den Nachteilen, die sich daraus für den Schüler oder die Schülerin ergeben. Bei einer Ordnungsmaßnahme handelt es sich also in jedem Einzelfall um eine Ermessensentscheidung der Schule. Die Schule muss Kriterien entwickeln, nach denen entschieden wird, und diese Kriterien müssen für Schülerinnen und Schüler transparent sein. Außerdem muss die Maßnahme in einem angemessenen Verhältnis zu dem zugrundegelegten Sachverhalt stehen.

Der Sachverhalt wird von einer Lehrkraft festgestellt, die eine bestimmte Ordnungsmaßnahme beantragt. Über die Ordnungsmaßnahme entscheidet die Klassenkonferenz. Der Schüler oder die Schülerin und die Erziehungsberechtigten erhalten Gelegenheit zur Anhörung. Die Klassenlehrerin, der Klassenlehrer oder die Schulleitung teilen der Schülerin oder dem Schüler bzw. den Erziehungs-berechtigten die Entscheidung mit der Festsetzung der Ordnungsmaßnahme ein-schließlich der Begründung mit. Der Bescheid muss eine Rechtsbehelfsbelehrung enthalten, das heißt es kann Widerspruch gegen die Entscheidung eingelegt wer-den. Lehrkräfte, die ein Ereignis beobachten oder denen es berichtet wird, sollten den Sachverhalt so schnell und genau wie möglich schriftlich festhalten.

INFO

Raster zum Beschreiben von Gewaltvorfällen

Darstellung des Vorfalls
> konkret beschreiben
> nicht nur: Schüler X hat Frau S. beleidigt, sondern: X hat gesagt: Du blöde Sau
> wenn möglich, durch Anlagen ergänzen (Zeichnungen, Briefchen oder Foto)

Zeitpunkt des Geschehens
> Datum, Uhrzeit, während oder außerhalb des Unterrichts

Ort des Geschehens
> im Klassenraum, im Gebäude, auf dem Schulgelände, in der Sporthalle oder auf dem Schulweg

Beteiligte Personen (möglichst namentlich benennen)
> zum Beispiel Schülerinnen und Schüler, schulfremde Personen, Lehrkräfte oder Hausmeister

Anlass, Auslöser, Hintergründe
> soweit bekannt, eventuell Berichte der Opfer, Täter, Zeugen

Verletzungen, Schäden, Folgen
> körperliche Verletzungen, Verhaltensveränderungen oder Sachbeschädigungen

Sofortmaßnahmen
> zum Beispiel: Krankenwagen oder Arzt rufen, dem Opfer helfen, Eltern benachrichtigen, Kollegin rufen, Wegnahme von Gegenständen

Nach einem aktuellen Vorfall kann und muss die Schule schnell und wirksam reagieren, um vor allem weitere Gefährdungen auszuschließen. Wenn ein Schüler oder eine Schülerin durch ihr Verhalten die Sicherheit anderer Schülerinnen und Schüler ernstlich gefährdet und somit die Entscheidung keinen Aufschub duldet, kann die Schulleiterin oder der Schulleiter die notwendige Maßnahme vorläufig treffen. Das Verfahren wird dann unverzüglich im Nachhinein eingeleitet. Der sofortige Vollzug einer Maßnahme – wie Ausschluss vom Schulbesuch – setzt ein Überwiegen des öffentlichen Interesses (Wahrung des Schulfriedens, Sicherheit der Schülerinnen und Schüler) gegenüber dem privat-persönlichen Interesse voraus.

Ordnungsmaßnahmen werden in der Regel dann verhängt, wenn andere Erziehungsmittel nicht zu einer Änderung des Verhaltens geführt haben. Mit einer Ordnungsmaßnahme wechselt die Schule vom erzieherischen in den juristischen Bereich. Deshalb muss die Maßnahme juristisch überprüfbar sein und einem eventuellen Verfahren vor dem Verwaltungsgericht standhalten. Verfahrensfehler können zu einer Aufhebung der Maßnahme führen.

Mit der Entscheidung für eine bestimmte Ordnungsmaßnahme macht die Schule deutlich, dass sie gravierende Verstöße gegen schulische Normen nicht toleriert. Sie setzt die Anerkennung dieser Normen mit bestimmten Maßnahmen durch. Dabei wird nicht nur dem betroffenen Schüler oder der betroffenen Schülerin klar gemacht, dass Grenzüberschreitungen bestraft werden. Auch allen anderen Schülerinnen und Schülern soll das bewusst gemacht werden.

Ordnungsmaßnahmen konkret: Beispiel Hessen

Da die Ordnungsmaßnahmen in den Schulgesetzen der Bundesländer festgelegt sind, kann es in jedem Land leichte Abweichungen geben. Das folgende Beispiel stammt aus Hessen.

Paragraf 82, Absatz 2 des Hessischen Schulgesetzes sieht folgende Ordnungsmaßnahmen vor:

1. Ausschluss vom Unterricht für den Rest des Schultages, erforderlichenfalls mit der Verpflichtung, am Unterricht einer anderen Klasse oder Lerngruppe teilzunehmen
2. Ausschluss von besonderen Klassen- oder Schulveranstaltungen sowie vom Unterricht in Wahlfächern und freiwilligen Unterrichtsveranstaltungen
3. Androhung der Zuweisung in eine Parallelgruppe oder andere Lerngruppe
4. Zuweisung in eine Parallelklasse oder in eine andere Lerngruppe

5. Androhung der Überweisung in eine andere Schule der gleichen Schulform
6. Überweisung in eine andere Schule der gleichen Schulform
7. Androhung der Verweisung von der besuchten Schule sowie
8. Verweisung von der besuchten Schule.

Über die Ordnungsmaßnahme entscheidet die Schulleiterin oder der Schulleiter, mit Ausnahme der Überweisung in eine andere Schule der gleichen Schulform sowie der Verweisung von der besuchten Schule. In diesen Fällen liegt die Entscheidung beim zuständigen Schulamt.

Bei allen Ordnungsmaßnahmen ist der Grundsatz der Verhältnismäßigkeit zu beachten. Das bedeutet, dass in der Regel zunächst nur weniger ins Gewicht fallende Maßnahmen zu treffen sind und dass die zu treffende Maßnahme dem Fehlverhalten angemessen sein muss. Körperliche Züchtigungen und andere herabsetzende Maßnahmen sind selbstverständlich verboten (Paragraf 82, Absatz 3 des Hessischen Schulgesetzes).

Bei allen Ordnungsmaßnahmen sind vorher die betroffene Schülerin oder der Schüler und die Eltern anzuhören. Lediglich beim Ausschluss vom Unterricht für den Rest des Schultages entfällt die Anhörung der Eltern, da sonst diese Ordnungsmaßnahme nicht durchführbar wäre.

Wenn eine Überweisung in eine andere Schule der gleichen Schulform, eine Verweisung von der besuchten Schule oder eine Androhung dieser beiden Maßnahmen in Betracht kommt, kann die Schulleiterin oder der Schulleiter die betreffende Schülerin oder den betreffenden Schüler vorläufig vom Unterricht und sonstigen Schulveranstaltungen bis zur endgültigen Entscheidung ausschließen. Ein solcher Ausschluss darf längstens bis zu vier Wochen dauern und ist nur möglich, wenn es die Aufrechterhaltung des Schul- oder Unterrichtsbetriebes oder die Sicherheit von Menschen erfordert. Bei einem Ausschluss von mehr als einer Woche ist das Jugendamt und eine Schulpsychologin oder ein Schulpsychologe unverzüglich zu unterrichten. Ihnen ist Gelegenheit zur Stellungnahme zu geben (Paragraf 4a, Verordnung über das Verfahren bei Ordnungsmaßnahmen).

Auf ein außerschulisches Verhalten einer Schülerin oder eines Schülers darf nur dann mit einer Ordnungsmaßnahme reagiert werden, wenn es sich auf den Schul- oder Unterrichtsbetrieb unmittelbar störend auswirkt.

Was geschieht nach der Ordnungsmaßnahme?

Problematische Entwicklungen von Schülerinnen und Schülern sind durch Ordnungsmaßnahmen nicht zu regulieren. Die bloße Überweisung in eine andere Klasse oder Schule ist keine ausreichende Hilfe, sie macht aber Veränderung und Neuanfang möglich. In vielen Fällen wird es erforderlich sein, Beratungslehrerinnen und -lehrer, Schulpsychologinnen und -psychologen, Sonderschullehrerinnen und -lehrer, Förder- und Beratungszentren hinzuzuziehen und mit der Jugendhilfe zusammenzuarbeiten, um gemeinsam ein Konzept für Verhaltensänderungen zu entwickeln. Auch hierfür gibt es in den Bundesländern Verfahrensvorgaben.

Zusammenarbeit mit der Polizei

In vielen Orten gibt es mittlerweile spezielle Polizeieinheiten zur Betreuung von Jugendlichen und Schulen. Sie kommen in die Schulen oder Jugendeinrichtungen. Diese Polizei-Angebote sollten in jedem Fall bekannt sein und angenommen werden. Allerdings muss auch nicht immer die Polizei eingeschaltet werden. Entwicklungstypische Verhaltensweisen von Jugendlichen sollten nach wie vor mit den Erziehungsberechtigten und nicht mit der Polizei verhandelt werden.

Zum Beispiel

Die **AG Jaguar** (Jaguar steht als Abkürzung für: Jugendliche Aggressive Gruppen – Untersuchungen Alterstypischer Rechtsbrüche) ist eine Fachdienststelle der Polizei Wiesbaden, die ausschließlich für Kinder- und Jugendkriminalität zuständig ist. Sie wurde ursprünglich zur Bekämpfung von Jugendgewalt in der Stadt gegründet. Mittlerweile versteht sich die AG Jaguar auch als Ansprechpartner für präventive Maßnahmen. Sie bemüht sich, mit den Jugendlichen bekannt zu werden – sowohl um die Schwellenangst zu verringern als auch um vor dem Begehen von Straftaten abzuschrecken.

Die AG Jaguar arbeitet mit allen Schulen in Wiesbaden zusammen. Die Schulen laden die Beamten zu Vorträgen und Gesprächen ein. In Klassen, in denen eine Straftat vorkommen ist, wird über die Tat gesprochen: Was erwartet den Täter? Wie wird er bestraft? Soll man ihn verpfeifen? Kann man der Polizei vertrauen? Es wird über alle Gewalthandlungen, die Schülerinnen und Schüler interessieren oder betreffen, gesprochen. Die AG Jaguar bemüht sich besonders darum, einen Täter-Opfer-Ausgleich herbeizuführen. Kommt es zu Gerichtsverfahren, bemüht sie sich darum, dass jugendliche Straftäter möglichst schnell ein Urteil bekommen, damit der Zusammenhang zwischen Tat und Strafe nachfühlbar ist.

AGGAS ist eine „Arbeitsgruppe Gewalt an Schulen" der Polizeistation im hessischen Wetzlar. Wichtiger Aspekt der Tätigkeit ist es, den geschädigten Schülerinnen und Schülern die Angst zu nehmen, sich bei Gewaltproblemen mit der Polizei in Verbindung zu setzen und Vertrauen in die Arbeit der Polizei aufzubauen.

Schulen haben die Möglichkeit, AGGAS frühzeitig – noch bevor Straftaten begangen wurden – einzubinden, um strafbare Handlungen zu verhindern. Nach den positiven Erfahrungen in Wetzlar wurden AGGAS seither auch in den Nachbarstädten Gießen, Dillenburg, Friedberg und Marburg eingerichtet.

Für ein effektives Arbeiten ist es wichtig, rechtzeitig über mögliche Straftaten oder ähnliche Vorkommnisse informiert zu werden. Dafür wurde ein Sorgentelefon, die „trouble-line", eingerichtet. Schülerinnen und Schüler, Eltern und Lehrkräfte können sich jederzeit mit AGGAS in Verbindung setzen. Der Anrufbeantworter wird auch am Wochenende regelmäßig abgehört, um notfalls sofort reagieren zu können. Seit September 2005 gibt es hessenweit eine gebührenfreie Beratungshotline: 0800 – 110 22 22. Die „trouble-line" ist kein Notruf. In dringenden Notfällen sollte die kostenlose Notrufnummer 110 angerufen werden.

Über Recht und Unrecht sprechen

Juristische Konsequenzen halten Jugendliche nicht unbedingt von Gewalt ab. Allerdings wissen viele gar nicht, welche Folgen bereits minderschwere Straftaten für sie haben können. Mit Unterstützung der Polizei oder Juristen sollten sie die relevanten Gesetze kennenlernen und auch Fragen klären, die nicht ohne weiteres aus den Gesetzestexten abzulesen sind.

Als Reaktion auf den Amoklauf von Erfurt ist das Waffengesetz geändert worden. Das Mindestalter für Waffenbesitz wurde durch das am 1. April 2003 in Kraft getretene, geänderte Waffengesetz für Sportschützen von 18 auf 21 Jahre und für Jäger von 16 auf 18 Jahre angehoben. Wer jünger als 25 Jahre ist, muss sich die geistige Eignung zum Waffenbesitz bescheinigen lassen – ausgenommen Jagdscheininhaber und Sportschützen über 18 Jahre. Der Umgang mit Wurfsternen, Spring-, Fall-, Faust- und Butterflymessern ist generell verboten.

Ab 14 Jahren unterliegen Jugendliche der Strafgerichtsbarkeit. Das Strafrecht bestraft bei Delikten gegen Leben, Gesundheit, Freiheit, Ehre, Eigentum oder Vermögen. Aber auch unter 14-Jährige, die nach Paragraf 19 des Strafgesetzbuches noch schuldunfähig sind, müssen Konsequenzen fürchten. Das Vormund-schaftsgericht kann Erziehungsmaßnahmen anordnen. Unabhängig vom Strafrecht können nach unerlaubten Handlungen wie Körperverletzungen oder Eigentums-beschädigungen zivilrechtlich Schadenersatz- und Schmerzensgeldansprüche geltend gemacht werden. Die zivilrechtliche Zurechnungsfähigkeit beginnt nicht erst bei den 14-Jährigen. Sie liegt grundsätzlich schon bei Minderjährigen vor, die das siebte Lebensjahr vollendet haben, wenn sie bei Begehung der schädigen-den Handlung die zur Erkenntnis der Verantwortlichkeit erforderliche Einsicht haben. Wird zum Beispiel ein anderer Mensch bei einer Auseinandersetzung so schwer verletzt, dass er bis an sein Lebensende darunter leiden muss, muss das gewalttätige Kind lebenslange Unterhaltszahlungen leisten.

Unter Strafe stehen auch bestimmte Gefährdungen des demokratischen Rechts-staates und Maßnahmen gegen die öffentliche Ordnung. So ist bereits die Verwen-dung von Kennzeichen verfassungswidriger Organisationen (Paragraf 86a des Strafgesetzbuches) ein Straftatbestand. Dazu gehören insbesondere die Kennzei-chen ehemaliger nationalsozialistischer Organisationen, wie Fahnen, Abzeichen, Parolen und Grußformen. Verboten ist es auch, andere mündlich oder schriftlich, über Ton- oder Bildträger, zum Hass oder zu Gewalt- und Willkürmaßnahmen gegen Teile der Bevölkerung anzustacheln. Das Anbieten oder Überlassen von CDs mit volksverhetzender Musik an Minderjährige – wie es auf Schulhöfen geschieht – ist strafbar.

Jugendliche sollten auch Informationen darüber erhalten, welche Sanktionsmöglich-keiten dem Richter zur Verfügung stehen, nämlich:
> Erziehungsmaßregeln (Weisungen, Erziehungsbeistandschaft, Erziehungshilfe),
> Zuchtmittel (Verwarnung, Auflagen, Jugendarrest) und
> Jugendstrafen (mit oder ohne Strafaussetzung zur Bewährung).

Bei bestimmten Delikten, zum Beispiel beim Verstoß gegen das Betäubungsmittel-gesetz, ist eine vorbeugende Sperre für die Erteilung einer Fahrerlaubnis zulässig. Diese Möglichkeit ist nur wenigen Jugendlichen bekannt – und trifft sie mit am Härtesten. Denn nahezu alle warten ungeduldig darauf, ihren Führerschein machen zu dürfen.

Im Internet

www.aktion-tu-was.de
Infoportal der Polizei zur Aktion „Tu was"

www.basta-net.de
Kommunikations- und Beratungsplattform für Jugendliche
in Fällen von Gewalt und Extremismus

www.bildungsserver.de
Startseite des deutschen Bildungsservers mit Informationen zu relevanten Bildungsthemen

www.blk-demokratie.de
Internetpräsenz des Projekts zur Schulentwicklung „Demo-
kratie lernen & leben" der Bund-Länder-Kommission für
Bildungsplanung und Forschungsförderung (BLK)

www.bpb.de
Homepage der Bundeszentrale für politische Bildung

www.buendnis-toleranz.de
Website des Bündnisses für Demokratie und Toleranz mit
Informationen zum Victor-Klemperer-Jugendwettbewerb

www.friedenspaedagogik.de
Internetpräsenz des Instituts für Friedenspädagogik
Tübingen e. V.

www.kfn.uni-hannover.de
Kriminologisches Forschungsinstitut Niedersachsen

www.mut-gegen-rechte-gewalt.de
Internetportal der Aktion „Mut gegen rechte Gewalt" des
Magazins „stern" und der Amadeu Antonio Stiftung

www.schule-ohne-rassismus.org
Website der Bundeskoordination „Schule ohne Rassismus
– Schule mit Courage"

Zum Nachlesen

Ahlheim, Klaus (Herausgeber):
Intervenieren, nicht resignieren
Rechtsextremismus als Herausforderung für Bildung
und Erziehung
Wochenschau Verlag, Schwalbach im Taunus 2003
Der Band versammelt im ersten Teil theoretische und
empirische Beiträge, die mit oft unkonventionellem Blick
Realität und Umfeld des aktuellen Rechtsextremismus
analysieren. Der zweite Teil beschreibt Gegenstrategien
aus unterschiedlichen pädagogischen Bereichen, aus der
Jugendarbeit, der Gedenkstättenpädagogik, aus Schule,
Erwachsenenbildung und beruflicher Aus- und
Weiterbildung.

Beutel, Wolfgang/ Fauser, Peter (Herausgeber):
Erfahrene Demokratie
Wie Politik praktisch gelernt werden kann
Pädagogische Analysen, Berichte und Anstöße aus
dem Förderprogramm Demokratisch Handeln
Leske und Budrich, Opladen 2001
Der Band referiert Grundlagen für die Notwendigkeit
demokratischen Handelns in der Schule und erschließt
praktische Erfahrungen von rund 1 500 Schul- und
Jugendprojekten mit Demokratie und Politik. Theoretisch
und praktisch wird erklärt, wie Politik und Demokratie im
vereinigten Deutschland gelernt werden können und mit
welchen Schwierigkeiten dabei zu rechnen ist.

Decker, Oliver/ Brähler, Elmar/ Geißler, Norman:
**Vom Rand in die Mitte. Rechtsextreme Einstellungen
und ihre Einflussfaktoren in Deutschland**
Herausgeberin: Friedrich-Ebert-Stiftung, Berlin 2006
Im Internet herunterladen unter: **www.fes.de**

Fuchs, Marek/ Lamnek, Siegfried/ Luedtke, Jens/ Baur,
Nina: **Gewalt an Schulen, 1994 – 1999 – 2004**
VS Verlag für Sozialwissenschaften, Wiesbaden 2005
Nach 1994 und 1999 wurde 2004 zum dritten Mal mit
einer repräsentativen Befragung von 4.523 Schülern
die Gewaltsituation an allgemein- und berufsbildenden
Schulen erhoben. Die Studie kann damit als eine der
wenigen verlässliche Angaben zur Gewaltentwicklung
über einen Zeitraum von zehn Jahren machen. Aus dem
Inhalt: Lage und Entwicklung der Gewalt an Schulen –
Gewalt in den Medien – Migranten: Problemgruppe bei der

Gewalt an Schulen? – Gewalt in der Familie – Peers, Banden, Gangs – Drogen und Gewalt – Das Zusammenspiel der Hintergrundfaktoren – Gewalt an Schulen: Herausforderung für Schule und Gesellschaft

Gloel, Rolf und Kathrin Gützlaff:
Gegen Rechts argumentieren lernen
VSA-Verlag, Hamburg 2005

Holighaus, Kristin:
Zoff in der Schule
Tipps gegen Mobbing und Gewalt
Beltz Verlag, Weinheim und Basel 2004
Das Buch berichtet über offene und eher verdeckte Formen von Gewalt in der Schule, erklärt Entstehungsmechanismen und lässt betroffene Schülerinnen und Schüler zu Wort kommen. Diese berichten auch, wie sie sich gegen Gewalt erfolgreich zur Wehr setzen. Aus dem Inhalt: Was kann man tun gegen Mobbing? Wie lernt man Selbstvertrauen und Zivilcourage? Wo findet man Hilfe? Vorgestellt werden unter anderem Streitschlichter, Schülerrichter, Buddys und Mediatoren.

Hufer, Klaus-Peter:
Argumente am Stammtisch. Erfolgreich gegen Parolen, Palaver, Populismus
Wochenschau Verlag, Schwalbach im Taunus 2006

Hurrelmann, Klaus/ Rixius, Norbert/ Schirp, Heinz (Herausgeber):
Gewalt in der Schule, Ursachen – Vorbeugung – Intervention
Beltz Verlag, Weinheim, Basel, Berlin, aktualisierte Neuausgabe 1999
Die Autoren beschreiben sehr konkret, wie Menschen auf Gewalt reagieren und wie sie Konflikte – innerhalb und außerhalb der Schule – wirkungsvoll bearbeiten können. Insbesondere werden auch die Notwendigkeit und Schwierigkeit der Zusammenarbeit zwischen Schule und Elternhaus thematisiert.

Kindler, Wolfgang:
Man muss kein Held sein – aber …!
Verhaltenstipps für Lehrer in Konfliktsituationen und bei Mobbing.
Verlag an der Ruhr, Mülheim an der Ruhr 2006

Lanig, Jonas/ Schweizer, Marion:
„Ausländer nehmen uns die Arbeitsplätze weg!"
Rechtsradikale Propaganda und wie man sie widerlegt
Verlag an der Ruhr, Mülheim an der Ruhr 2002

Melzer, Wolfgang/ Schubarth, Wilfried/ Ehninger, Frank:
Gewaltprävention und Schulentwicklung
Analysen und Handlungskonzepte
Klinkhardt Verlag, Bad Heilbrunn 2004
Die Autoren bilanzieren den Forschungsstand, berichten über eigene Untersuchungen und ziehen daraus Konsequenzen für die pädagogische Arbeit in Schulen. Im Handlungsteil wird neben Tipps für die Praxis ein Überblick über die meist verbreiteten und bewährtesten Präventionsmodelle und -programme gegeben. Außerdem wird der Zusammenhang von Gewaltprävention und Schulentwicklung verdeutlicht und eine praktische Anleitung für die Durchführung von Schulentwicklungsprozessen gegeben.

Mühlig, Oliver:
Die Kontrolle von Schülergewalt durch die Institution Schule
Gießener Schriften zum Strafrecht und zur Kriminologie, Band 8
Nomos Verlagsgesellschaft Baden-Baden 2004
Das Buch befasst sich mit den Möglichkeiten der Kontrolle von Schülergewalt durch Lehrer, Schulleitung und Schulverwaltung. Einzelne Maßnamen und Präventionsmethoden, die zur Gewaltkontrolle geeignet erscheinen, werden dargestellt und deren – oft weitreichenden – rechtlichen und tatsächlichen Grenzen aufgezeigt. Dabei werden insbesondere schulrechtliche und kriminologische, aber auch erziehungswissenschaftliche Aspekte einbezogen.
Die rechtlichen Ausführungen orientieren sich am hessischen Schulrecht, sind aber auch auf die Rechtslage in anderen Bundesländern übertragbar.

Neumann, Ulf/ Perik, Muzaffer/ Schmidt, Wilhelm/ Wendt, Peter-Ulrich (Herausgeber):
Gewaltprävention in Jugendarbeit und Schule
Konzepte – Praxis – Methoden
Schüren Verlag, Marburg 2002
Das Buch stellt funktionierende Praxiskonzepte und -modelle zur Gewaltprävention in Jugendarbeit und Schule vor. Beispiele: Kommunikationstraining mit Hauptschülern, die Bedeutung der Kampfkunst für Gewaltprävention, konstruktive Konfliktkultur oder

Trendsport. Abgerundet wird das Buch durch theoretische Auseinandersetzungen im Spannungsfeld von Kriminal- und Sozialprävention.

Olweus, Dan:
Gewalt in der Schule
Was Lehrer und Eltern wissen sollten – und tun können
Huber Verlag, Bern, 2. Auflage 1999
Der schmale Band gibt einen Überblick über das Interventionsprogramm gegen Gewalt, das der Norweger Dan Olweus entwickelt hat und das mittlerweile auch in Deutschland Nachahmung gefunden hat.

Shell Deutschland Holding (Herausgeberin):
Jugend 2006: Eine pragmatische Generation unter Druck
Fischer Taschenbuch Verlag, Frankfurt am Main 2006

Zum Üben

Amelung, Irmgard/ Guthahn, Silke:
„Ich knall euch ab!"
Literatur-Kartei zum Roman von Morton Rhue „Ich knall euch ab!"
Verlag an der Ruhr, Mülheim an der Ruhr 2002
Rhue, Morton: Ich knall euch ab
Ravensburger Taschenbuch Band 58172, Ravensburg 2002
In diesem Buch wird das Massaker vom April 1999 in Littleton in den USA behandelt, das zwei Schüler in ihrer Schule verübten.

Gugel, Günther/ Jäger, Uli:
Was heißt hier Demokratie?
Arbeitsmappe mit 32 Arbeitsblättern
Herausgegeben von der Bundeszentrale für politische Bildung, Bonn 2004
Bestellen oder kostenlos herunterladen beim Institut für Friedenspädagogik: **www.friedenspaedagogik.de**

Lanig, Jonas/ Schweizer, Marion:
„Ausländer nehmen uns die Arbeitsplätze weg!"
Rechtsradikale Propaganda und wie man sie widerlegt.
Verlag an der Ruhr, Mülheim an der Ruhr 2005

Pädagogisches Zentrum Rheinland-Pfalz (Herausgeberin):
Recht im Unterricht
Fachübergreifender und fächerverbindender Unterricht Sek. I und II.
Bad Kreuznach und Mainz, 2. Auflage 2001
In zehn Einzelheften wird, ausgehend von konkreten Rechtsfällen aus dem Erfahrungsbereich Jugendlicher, ein großes Spektrum an Rechtsfragen erschlossen.

Miller, Reinhold:
„Du dumme Sau!"
Von der Beschimpfung zum fairen Gespräch
AOL Verlag, Lichtenau, 6. Auflage 2003
Ein Arbeitsheft für Schülerinnen und Schüler

Portmann, Rosemarie
Spiele zum Umgang mit Aggressionen
Don Bosco Verlag, München, 6. Auflage 2001
Die mehr als 150 Interaktionsspiele und Übungen sind eine leicht anwendbare Möglichkeit, Prozesse zur konstruktiven Bewältigung von Wut und Aggression in Gang zu setzen. Kinder und Jugendliche können somit spielerisch lernen, ihre Gefühle und Bedürfnisse einzubringen sowie aktiv und selbstbestimmt zu handeln.

Portmann, Rosemarie
Spiele, die stark machen
Don Bosco Verlag, München, 2. Auflage 2001
Zu einer starken Persönlichkeit gehören Selbstwertgefühl und die Fähigkeit, sich selbst zu behaupten, ohne die Rechte anderer zu verletzen. 111 Übungen und Spiele zeigen Möglichkeiten auf, Kindern und Jugendlichen auf dem Weg zu starken und kompetenten Persönlichkeiten zu helfen.

Schilling, Dianne:
Miteinander klarkommen
Toleranz, Respekt und Kooperation trainieren
Eine Arbeitsmappe
Verlag an der Ruhr, Mülheim an der Ruhr 2000